인문학과 손잡은
영어 공부

1

인문학과 손잡은 영어 공부

1

강준만 지음

영어 단어를 통해
정치 · 사회 · 문화 · 역사 · 상식을 배운다

인물과
사상사

●

왜 오바마는
'개 호루라기 언어'를 썼을까?

dog whislte은 사람들에게는 크게 들리지 않지만, 개들에게는 가장 잘 들리는 주파수를 내는 개 호루라기를 말한다. 정치에선 어떤 메시지를 특정 그룹에만 어필할 수 있도록, 그 그룹만이 알아들을 수 있는 언어로 말해서 자신들의 입장을 모두에게 드러내지 않는 걸 가리켜 이 말을 쓴다.[1] dog-whistle language는 '편 가르기식 정치 언어'를 가리키는 말이다.

이런 전략은 1990년대 중반 호주 총리 존 하워드John W. Howard, 1939~가 11년의 재임 기간(1996~2007) 중 편 가르기식 용어를 사용하면서 백인 골수층의 지지를 받아낸 데서 연유한 것이다. 이렇듯 특정 유권자나 대중에게 동질감 형성을 위해 의도적으로 사용하는 언어를 두고 'loaded language(의도적 언어)' 혹은 'code language'라고도 한다.

미국의 2012년 대선에선 공화당 후보 밋 롬니Mitt Romney, 1947~ 와 민주당 후보 버락 오바마Barack Obama, 1961~의 연설 스타일과 언어 전략이 화제를 모았다. 롬니는 단어 하나하나의 발음까지 정교하게 하는 등 백인 특유의 발성을 했는데 이를 두고 일부 언론에서는 'his stilted accent'라고 묘사했고 그의 발음이 '뽐내고 잘난 체하는 발음'이라며 다분히 백인층을 겨냥한 의도였다고 분석했다. stilted는 '부자연스러운, 지나치게 격식적인'이란 뜻이다. We made stilted conversation for a few moments(우리는 잠깐 동안 아주 격식적인 대화를 나누었다).

반면 오바마의 발음은 거칠 것 없는 달변가 스타일인데, 선거 막바지엔 흑인 특유의 발성과 표현을 사용해 그것이 blaccent라고 불리는 black accent의 특징이 아니냐는 분석이 나왔다. 주로 백인 지역과 중산층으로 살아왔던 그가 선거철이 되면서 흑인과의 동질감을 자극하기 위해서 일부러 흑인 억양을 흉내내듯 사용했다는 것이다. 미국 하버드대학 로스쿨을 나온 그가 비문법적인 흑인 영어로 말한 것은 dog-whistle politics였다는 것이다.[2]

He's Scotch and all these allegations have made his little soul furious. He has not been the same dog since(우리 개는 스코틀랜드 출신이어서 지금 혐의 때문에 그의 작은 영혼이 분노하고 있다. 이제 옛날의 그 개가 아니다). 미국 제32대 대통령 프랭클린 루스벨트Franklin Delano Roosevelt, 1882~1945가 4선에 도전할 때 반려견 팔라를 데리고 북태평양 알류샨 열도에 휴가를 다녀온 뒤 이상한 소문이 퍼진 것에 대해 한 말이다.

문제의 소문은 루스벨트가 실수로 팔라를 휴가지에 남겨두고 왔으며, 팔라를 데려오려고 해군 구축함을 급파해 수백만 달러의 국민 세금이 낭비되었다는 것이었다. 야당인 공화당이 선거를 앞두고 퍼뜨린 흑색선전으로 사실이 아니었다. 이에 루스벨트가 스코틀랜드 출신인 팔라가 세금 낭비 혐의에 분노하고 있다는 유머로 대응한 것이다. 'Scotch(스카치)'는 스코틀랜드 출신을 말하는 구식 단어로 요즘은 'Scottish(스카티시)'라고 하는데, 스코틀랜드 사람들은 성격이 불같은 것으로 유명하다.[3]

식당 같은 곳에서 종업원이 손님에게 주문을 받을 때 무릎을 꿇고 눈을 맞추는 서비스 방식을 가리켜 puppy dog service(퍼피도그 서비스)라고 한다. puppy는 강아지를 말한다. 소설가 홍형진은 「'퍼피독' 서비스에 대한 반감」이란 칼럼에서 이런 서비스를 가리켜 "귀여운 반려견이 주인에게 애정을 갈구하듯이 직원이 고객 앞에 무릎을 꿇고 주문을 접수하는 것"이라며 다음과 같이 말했다.

"대단히 한국적인 현상이다. 서비스업에 대한 우리나라의 통념에는 기형적인 측면이 다분하다. 시시때때로 불거지는 '갑의 횡포'에서 드러나듯이 돈을 지불하는 입장(갑)이면 서비스를 제공하는 입장(을)에게 '섬김'을 받을 권리가 있다고 여기는 걸까? '고객은 왕이다'라는 전근대적인 표어만 봐도 서비스 업종에서 일하는 이들의 육체적, 감정적 고충은 부차적인 문제임을 알 수 있다. 동등한 개인으로서 수평적으로 존중받지 못하고 갑을관계의 수직적 구도로 재편되어 육체적, 감정적으로 마모될 뿐이다."[4]

in the doghouse는 "면목을 잃어, 인기를 잃어, (상대방의 기분을 상하게 해) 사이가 서먹해져, 눈치를 보고 있는"이라는 뜻이다. 개를 개집에 가두는 건 벌이다. 무슨 잘못을 저지른 개가 스스로 알아서 개집에 들어가는 건 주인의 눈치를 보는 것이다. 이걸 사람에게 적용한 표현이 바로 in the doghouse다. 스코틀랜드 소설가·극작가 제임스 매슈 배리James Matthew Barrie, 1860~1937가 1904년에 발표한 연극 「피터 팬: 자라지 않는 아이」에 바로 그런 상황이 나오는 걸로 보아 적어도 20세기 초 이전부터 사용된 표현으로 보인다.[5]

2017년 11월 영국 시사 주간지 『이코노미스트』는 중국이 사드 THAAD 합의 때 한국한테서 거의 '항복 문서'를 받아간 수법을 가리켜 'doghouse approach(개집 방식)'라고 하면서 이렇게 말했다. "중국은 상대방 하는 행동이 마음에 안 들면 바뀔 때까지 괴롭힌다. 그래도 안 바뀌면 상대를 개집에 가둬 벌을 준다. 그래도 여전히 변하기를 거부하면 적절한 처벌 기간을 둔 후에 상대를 개집에서 꺼내고는 아무 일 없었다는 듯이 굴면서 상대가 고마워하길 바란다."[6]

dog-tired는 '지쳐 죽을 지경인, 기진맥진한'이란 뜻이다. 영국 출신의 칼럼니스트 팀 알퍼Tim Alper는 "한국에서 '개'로 시작되는 말 중 들어서 좋을 게 없다"며 이렇게 말했다. "한국에서 타인을 지칭하는 가장 모욕적인 언사言辭에는 '개'가 빠지지 않는다. 반면 영어권에서는 '개'는 저급함이 아니라 고된 노동의 상징이다. 실제로 'dog-tired'라는 단어는, 온종일 최선을 다해서 기진맥진해진 상태를 말한다. 영국에서 '개처럼 일한다'고 하는 것은 비록 다른 사람들이 알아주지 않아도 열심히 노력한다는 것을 의미하는 가벼운 칭찬이다."[7]

이상은 이 책 『인문학과 손잡은 영어 공부』의 한 샘플로 쓴 것이다. 이런 식으로 쓰인 35가지의 이야기를 담고 있는 이 책은 『교양 영어 사전』(2012), 『교양 영어 사전 2』(2013), 『인문학은 언어에서 태어났다: 재미있는 영어 인문학 이야기』(2014), 『재미있는 영어 인문학

이야기 1』(2015),『재미있는 영어 인문학 이야기 2』(2015),『재미있는 영어 인문학 이야기 3』(2015),『재미있는 영어 인문학 이야기 4』(2016)에 이어 내놓는 이 분야의 8번째 책이다.

8년 만에 다시 이 작업을 하게 된 걸 보니 내가 생각해도 이 일에 큰 열정을 갖고 있는 게 분명하다. 이 열정은 중고교 시절, 아니 대학 시절 그리고 이후에도 영어 공부를 하면서 갖게 된 주제넘은 걱정에서 비롯된 것 같다. 요즘이야 많이 달라졌지만, 영어 공부의 콘텐츠, 즉 영어로 된 글의 내용은 인문·사회과학적 지식이나 교양과는 거리가 먼 것들이었다. 한국의 많은 학생이 단지 영어라고 하는 외국어를 공부하기 위해 이렇게 많은 시간을 쏟아부어야 한다는 것은 국가적으로 큰 낭비이자 손실이 아닌가?

자주 그런 생각을 하면서 내 나름으로 영어 공부를 인문·사회과학적 지식이나 교양과 접목해보려는 시도를 해왔고, 그 결실이 바로 앞서 거론한 책들이다. 이 책에 영어 명언을 많이 소개한 것도 바로 그런 이유 때문이다. 물론 이 일은 이른바 '인문학 영어'에 대한 열정으로 내가 재미있고 좋아서 하는 일이다. 독자들이 내가 누린 재미의 일부라도 공유할 수 있기를 바랄 뿐이다.

2024년 1월

강준만

차 례

제1장

창의성 · 경험 · 행동

창의성에는
땀과 피가
필요하다

creative(창의적인)의 어원은 '자라나다, 커지다'는 뜻을 가진 라틴어 crescere이다. 로마인은 아기나 곡식이 자라는 것을 라틴어로 crescere라고 했는데, 여기서 나온 creative는 원래 무에서 유를 창조하거나 작은 것에서 큰 것이 나오게 하는 신神만이 할 수 있는 행동을 뜻하게 되었다. 즉, '오랜 생각 끝에 머릿속에서 생각이 자란다'는 의미에서 점차 '창의적'이라는 뜻으로 쓰이게 된 것이다. 족보를 따지자면 crescendo(소리가 점점 커짐), croissant(초승달이 커지면 반달이 된다는 의미로, 초승달 모양 빵 이름이 된 크루아상) 등과 사촌 단어다.[1]

creation(창조)과 creature(창조물)의 어원도 같은 어간에서
왔다. 이탈리아의 시인 토르콰토 타소Torquato Tasso, 1544~1595는 "창
조자creator는 신과 시인, 이 두 가지로 나눌 수 있다"고 했다. 영국 시
인 필립 시드니 경Sir Philip Sidney, 1554~1586은 영국의 첫 번째 문학 비
평으로 알려진 『시의 변호Defence of Poesie』(1595)에서 신이 자연을
만들었지만 자신과 닮은 인간도 만들었으며, 인간에게 "신이 부여한
생기의 힘으로" 자연을 초월하는 것을 상상해 만들어낼 수 있는 능력
을 주었다고 했다.[2]

Anxiety is the hand maiden of
creativity(갈망하게 되면 창의성이 생긴
다).[3] 미국 태생의 영국 시인 T. S. 엘
리엇T. S. Eliot, 1888~1965의 말이다.
handmaiden(hand maiden)은 '하
녀, (비유적인 의미로 쓰여, 다른 것을 보완
해주는) 시녀'란 뜻이다. Mathematics
was once dubbed the handmaiden of
the sciences(수학이 한때는 과학의 시녀로 불렸다).

Creative people are like a wet towel. You wring them
out and pick up another one(창의적인 사람들은 젖은 수건과 같다.
그들을 비틀어 짠 다음에 또 다른 사람을 찾아낸다).[4] 미국 화장품 재벌 찰
스 레브슨Charles Revson, 1906~1975의 말이다.

Creativity has a very important meaning in human's
life. Because creativity is the most fundamental cause
what makes human the most human(창의성은 인간의 삶에서 대

단히 중요한 의미를 갖는다. 창의성이야말로 인간을 가장 인간답게 만드는 가장 근본적인 원인이 되기 때문이다). 헝가리계 미국 심리학자 미하이 칙센트미하이Mihaly Csikszentmihalyi, 1934~2021의 말이다. 그는 다음과 같은 말도 했다.

The gene structure of humans is 98 percent identical with chimpanzees. Perhaps without creativity, it would have been difficult to distinguish humans from chimpanzees(인간의 유전자 구조는 침팬지와 98퍼센트 일치한다. 아마도 인간에게 창의성이 없었다면 침팬지와 구분하기 어려웠을 것이다).[5]

Advertising agencies which had begun by booking insertions became, in the twentieth century, institutions of a form of cultural production, wholly governed by the organized market. It is interesting that producers within advertising agencies were quick to claim the title 'creative'(처음에 삽입 광고를 예약하는 걸로 시작했던 광고대행사는 20세기에 이르러 전적으로 조직화된 시장에 의해 지배되는 한 문화생산 양식의 제도가 되었다. 광고대행사 내 제작자들이 재빨리 '크리에이티브'라는 구호를 주장하고 나선 게 흥미롭다).[6] 영국의 문화비평가 레이먼드 윌리엄스 Raymond Williams, 1921~1988의 말이다.

이후 '크리에이티브'는 광고계를 상징하는 대표적 용어로 부각되지만, 그렇다고 해서 모든 광고인이 '크리에이티브'에 열광한 건 아니었다. 영국 출신으로 미국에서 활동한 광고인 데이비드 오길비 David Ogilvy, 1911~1999는 이렇다 할 스펙도 전혀 없이 밑바닥에서 자신의 능력만으로 컸기 때문에 실질을 숭상했고, 그 연장선상에서 광고계에서 곧잘 나타나는 '전문가의 함정', 즉 '창의성에 대한 숭배the cult of creativity'를 비판했다. 광고 전문가들은 자신의 존재가 클라이언트의 제품을 많이 팔리게 하는 것임에도 판매엔 신경 쓰지 않은 채 자기들만의 광고예술적 기준으로 광고를 만들고 평가하는 경향이 있었다. 즉, 광고를 위한 광고가 존재한다는 이야기다.

오길비는 자신과 생각을 같이하는 광고인들의 주장을 열심히 소개했다. 벤턴앤드보울스Benton & Bowles라는 광고대행사는 "광고를 했는데 제품이 팔리지 않으면 그 광고는 창의적인 것이 아니다It it doesn't sell, it isn't creative"고 했고, 카피라이터 로서 리브스Rosser Reeves, 1910~1984는 "독창성은 광고에서 가장 위험한 말이다. 독창성에 사로잡히면 카피라이터들은 도깨비불과 같은 실체가 없는 것을 추구하게 된다Originality is the most dangerous word in advertising. Preoccupied with originality, copywriters pursue something as illusory as swamp fire, for which the Latin phrase is ignis fatuus"고 했다.

오길비는 자신도 종종 더 나은 표현을 찾을 길이 없어 '창의적creative'이라는 무시무시한 단어hideous word를 사용하긴 하지만, 제품의 매출과 무관한 창의성의 함정에 빠지지 말라고 경고했다. 많은 광고인이 받고 싶어 안달하는 그 유명한 클리오 광고상Clio Awards을 받은 창의적인 작품들은 과연 제품의 판매에 기여했는가? 오길비는 해리 맥마한Harry McMahan의 입을 빌려 다음과 같은 뜻밖의 사실들을 열거했다.

"클리오상을 4번이나 받은 광고대행사들은 해당 광고주들을 놓치고 말았다. 어떤 클리오상 수상 회사는 사업을 접고 말았다. 어떤 클리오상 수상 회사는 다른 대행사에 자

신의 광고주 절반을 빼앗겼다. 어떤 클리오상 수상 회사는 수상작을 텔레비전에 노출시키지 않으려고 했다. 어떤 클리오상 수상 회사는 다른 대행사에 광고주의 절반을 빼앗겼다. 과거 클리오 페스티벌이 선정한 텔레비전 광고를 만든 81개 대행사 중 36개는 해당 광고주를 잃거나 사업을 접고 말았다."[7]

인지과학자 유재명은 2013년 "영어에서 창의성을 뜻하는 '크리에이티비티creativity'는 19세기부터 쓰이기 시작했다"며 다음과 같이 말했다. "구글의 '엔그램 뷰어'를 이용하면, 16세기 이래로 출판된

500만 권의 책에서 단어들이 쓰인 빈도를 살펴볼 수 있다. '창의성'이라는 말은 1900년에 1억 단어마다 한두 번 정도 쓰이는 데 불과했지만 2000년에는 10만 단어마다 한 번씩 쓰였다. 100년 만에 1,000배나 더 자주 쓰이게 된 것이다. 10만 단어에 한 번꼴로 쓰이는 다른 단어로는 '오렌지'가 있다. 창의성이 오렌지만큼이나 흔한 세상이다."[8]

그러다 보니 creative, creativity가 오남용되는 일이 벌어졌다.『속물근성: 미국적 버전Snobbery: The American Version』(2002)의 저자인 미국 작가 조지프 엡스타인Joseph Epstein, 1937~은 2002년 9월『뉴욕타임스』의 독자투고란에 쓴 글에서 창조성이 모든 학생에게 존재한다는 신화가 수많은 허접 쓰레기를 초래했다고 주장했다. 이 글로 인해『뉴욕타임스』엔 학부모들의 격렬한 항의 편지가 쇄도했는데, 이 글의 한 대목만 감상해보기로 하자.

There is the false notion of creativity that has been instilled in students for too many years. It was Paul Valery who said that the word 'creation' has been so overused that even God must be embarassed to have it attributed to him. Misjudging one's ability to knock out a book can only be serious and time-consuming mistake.……Don't write that book, my advice is, don't even think about it. Keep it inside you, where it belongs(학생들에게 너무나 오랫동안 주입되어온 잘못된 관념으로 창조성이 있다. 폴 발레리는 '창조'라는 단어가 너무나 과도하게 사용되는 바람에 신神조차도 그 단어가 자신에게 붙여지는 것에 수치심을 느낄 것이 틀림없다고 말한 바 있다. 자신의 능력을 오판하여 책 집필에 뛰어드는 일은 시간만 낭비하는 심각한 실책이 될 것이다.……책을 쓰지 마

라. 나는 아예 꿈조차 꾸지 말라고 충
고하고 싶다. 그냥 당신의 생각을
마땅히 있어야 할 당신의 내부
에 담아 두어라).[9]

　　아니다. 꼭 그렇게까
지 엄격하게 굴 일은 아니
겠다. 하지만 앞서 인용한 미
하이 칙센트미하이의 다음의 말
은 꼭 명심하는 게 좋을 것 같다.
The creativity can be
gained after complete
mastery of the domain
and skills of the field
where you belongs(진

정한 창의성은 자신이 속한 분야의 영역과 기술을 완전히 통달한 후에 얻어진
다).[10] 창의성은 땀과 피를 흘린 후에야 비로소 발휘될 수 있다는 말로
이해하는 게 좋겠다.

　　교육과혁신연구소 소장 이혜정은 서울대학교 교수 학습 개발센
터 선임연구원으로 근무하던 2009~2010년 서울대학교 2~3학년
1,213명을 대상으로 설문조사를 실시하고 학점 4.0(4.3 만점) 이상
학생 150명 중 46명에 대해서 심층 인터뷰를 했는데, 그 결과가 흥미
로웠다. 조사 결과 1,111명의 응답자 중 69.9퍼센트(776명)가 수용
적 사고력이 창의적 사고력보다 높다고 대답했다. 창의적 사고력이
더 높다고 대답한 학생들은 23.2퍼센트(257명)에 그쳤다. 주목할 점

은 수용적 사고력이 높다고 응답한 학생들일수록 학점이 높았다. 학점 4.0 이상 고학점자의 72.7퍼센트가 수용적 사고력이 창의적 사고력보다 높다고 대답했다.

이혜정은 『서울대에서는 누가 A+를 받는가』(2014)에서 "서울대에서는 수동적 학습 방법에 의존하는 학생들일수록 높은 학점을 받는다"고 결론 내렸는데, 서울대학교에서 A+ 학점을 받는 학생들의 말도 이 결론과 비슷했다. "창의력이 뛰어난 애들은 수용하는 게 좀 약해요. 그래서 학점이 안 좋아요." "그냥 고등학교 때처럼 교수님 말씀 열심히 적어야 학점이 잘 나오더라고요."[11] 그러니 자녀들의 창의력이 약하다고 펄펄 뛸 일은 아니겠다.

experience

경험은
결코
늙지 않는다

개신교의 감리교파에는 experience-meetings란 이름의 신앙 체험을 이야기하는 예배 모임이 있었다. 1857년의 한 기록에 따르면 "그 모임에서는 기도하고 권면하며, 신앙 체험을 이야기하고 감상적인 찬송가를 불렀다"고 한다. 이것이 바로 '주관적 증언의 공유', 다시 말해 신앙 간증의 개념이다.[12] 영국의 문화비평가 레이먼드 윌리엄스 Raymond Williams, 1921~1988의 『키워드』(1983)에 나오는 experience에 대한 해설 중의 일부다.

experience의 개념이 세월에 따라 변천을 겪듯, 이제는 insperience라는 신조어마저 나타났다. 인스피리언스insperience족族은 밖에서 즐기던 경험experience을 집 안indoor으로 끌어들이는 사람들, 즉 집에 홈시어터, 홈바, 헬스장 등을 꾸며놓고 자신만의 삶을 즐기는 사람들을 일컫는 말로 일부에서는 경험을 고취한다inspire는 의

미로도 풀이한다. 네덜란드 암스테르담에 본사를 둔 트렌드 전문 사이트 트렌드와칭trendwatching.com이 2006년에 소개한 트렌드다.[13]

　A triumph of optimism over experience(경험을 넘어선 낙관주의의 승리).[14] 영국 왕 헨리 8세Henry VIII, 1491~1547가 네 번째 아내를 얻겠다고 결심하면서 한 말이다.

　Do not be too timid and squeamish about your actions. All life is an experience(행동할 때에 너무 소심하거나 예민하게 굴지 마라. 모든 삶은 경험이다).[15] 미국 철학자 랠프 월도 에머슨Ralph Waldo Emerson, 1803~1882의 말이다.

Experience is the name men give to their follies or their sorrows(경험은 사람들이 자신의 어리석음이나 슬픔에 붙이는 이름이다).[16] 프랑스 시인 알프레드 드 뮈세Alfred de Musset, 1810~1857의 말이다.

Experience is the extract of suffering(경험은 고통의 추출물이다).[17] 영국 작가 아서 헬프스Arthur Helps, 1813~1875의 말이다.

Experience increases our wisdom but doesn't reduce our follies(경험은 지혜를 늘려주지만 어리석음을 줄여주진 못한다).[18] 조시 빌링스Josh Billings라는 필명으로 활동한 미국의 유머리스트 헨리 휠러 쇼Henry Wheeler Shaw, 1818~1885의 말이다.

Experience is the name everyone gives to their mistakes(경험은 사람들이 자신의 실수에 붙이는 이름이다).[19] 아일랜드 작가 오스카 와일드Oscar Wilde, 1854~1900의 말이다.

It is the mark of an inexperienced man not to believe in luck(행운을 믿지 않는다는 건 경험이 없는 사람들의 특징이다). 폴란드 출신의 영국 소설가 조지프 콘래드Joseph Conrad, 1857~1924의 말이다.

Experience is a good teacher, but she sends in terric

bills(경험은 좋은 선생이지만 엄청난 비용 청구서를 보낸다).[20] 미국 작가 미나 앤트림Minna T. Antrim, 1861~1950의 말이다.

Experience teaches only the teachable(경험은 배울 줄 아는 사람만 가르친다).[21] 영국 작가 올더스 헉슬리(Aldous L. Huxley, 1894~1963)의 말이다.

Many of the insights of the saint stem from his experience as a sinner(성인聖人의 통찰 중 많은 것은 성인이 되기 전 죄인일 때 겪은 경험에서 나온다).[22] 미국 작가 에릭 호퍼Eric Hoffer, 1902~1983의 말이다.

I will not make age an issue of this campaign. I am not going to exploit for political purposes my opponent's youth and inexperience(나는 이번 선거에서 나이를 쟁점으로 만들고 싶지는 않다. 나는 내 경쟁자의 젊음과 무경험을 내 정치적 목적에 이용하진 않을 것이다).[23] 1984년 미국 대통령 선거에서 공화당 후보 로널드 레이건Ronald Reagan, 1911~2004 참모들의 가장 큰 걱정은 민주당 후보 월터 먼데일Walter Mondale, 1928~2021(56세)에 비해 레이건이 너무 고령(73세)이라는 점이었는데, 10월 21일 제2차 텔레비전 토론에서 레이건은 자신의 나이에 대한 일반의 우려를 이와 같은 한마디로 잠재웠다.

People ask if I can compete with the money of Hillary and

Barack. I hope at the end of the day, they can compete with my ideas and my experience(사람들이 나에게 '힐러리와 버락의 자금력을 따라잡을 수 있겠느냐'고 묻는다. 하지만 결국 중요한 것은 '그 2명이 내 생각과 경험을 따라잡을 수 있겠느냐'일 것이다) 버락 오바마Barack Obama, 1961~, 힐러리 클린턴Hillary Clinton, 1947~, 조 바이든Joe Biden, 1942~이 경쟁한 2008년 민주당 대선 경선에서 가장 나이가 많은 바이든이 한 말이다. 'at the end of the day'는 '하루를 마무리하는 시점,' 즉 '가장 중요한 것'이라는 뜻이다.[24]

Experience never gets old(경험은 결코 늙지 않아요).[25] 미국 영화 〈인턴The Intern〉(2015)에서 퇴직한 70대 노인 벤(로버트 드니로Robert De Niro)이 '제3의 인생'을 꿈꾸며 인턴으로 취직한 회사의 젊은 CEO 줄스(앤 해서웨이Anne Hathaway)에게 한 말이다. 경험이 결코 늙지 않는다는 건 분명한 사실이지만, 문제는 디지털 혁명이 경험의 가치를 떨어뜨리거나

성격을 변화시키고 있다는 점일 게다.

캐나다의 고생물학자 스콧 샘슨Scott D. Sampson, 1961~은 자연세계의 친밀한 경험이 사라지는 '경험의 멸종extinction of experience'을

우려한다. 그는 『우리는 어떻게 바뀌고 있는가Is the Internet Changing the Way You Think?』(2011)에서 이렇게 말한다. "매일 열 시간 넘게 컴퓨터 화면만 쳐다보며 지내는 사람은 분명히 '현실' 세계의 경험에 많은 시간을 할애하지 못한다. 갈수록 현실 세계의 경험은 가상 경험에 밀려나는 듯 보인다. 심각한 문제가 아닐 수 없다."[26]

오늘부터
당신 자신이
브랜드다

Products are made in the factory, but brands are made in the mind(제품은 공장에서 만들어지지만, 브랜드는 사람들의 마음속에서 만들어진다).[27] 미국의 브랜드 디자이너 월터 랜도Walter Landor, 1913~1995 의 말이다.

If the business were split up, I would take the brands, trademarks, and goodwill, and you could have all the bricks and mortar-and I would do better than you(만약 기업을 해체해야 한다면 나는 브랜드와 트레이드마크, 영업권goodwill을 가질 테니 당신은 건물 전체를 가져도 좋다. 그러나 성공하는 사람은 바로 나일 것이다).[28] 퀘이커오츠컴퍼니Quaker Oats Company 회장 존 스튜어트John Stuart, 1877~1969의 말이다. bricks and mortar는 '(건축비나 자산 가치로 본) 건물'을 뜻한다.

Harvard's brand licensing program is particularly interesting. The items which the University will license include sportswear, scarves, desk accessories, watches, jewelry, school supplies, etc. Those they will not license include ashtrays, shot glasses, butane lighters, weapons of any kind, food and beverages(하버드의 브랜드 라이선스 프로그램은 특히 흥미롭다. 이 대학이 자신의 브랜드 사용 허가를 내주는 품목들은 스포츠웨어, 스카프, 책상 장식품, 시계, 보석류, 학용품 등이다. 반면 그들이 브랜드 사용 허가를 금지하는 품목들로는 재떨이와 술잔, 라이터, 무기류 일체, 식품, 음료 등이 있다).[29]

　　세계적인 브랜드 전문기업 인터브랜드Interbrand가 1990년에 출간한『브랜드 국제 리뷰Brands: An International Review』에서 학교로서는 유일하게 포함시킨 '하버드 브랜드'에 대해 설명한 내용의 일부다. 미국의 영화배우 제인 폰다Jane S. Fonda, 1937~는 하버드대학에 젠더 교육 센터 설립을 위해 1,250만 달러를 기부하면서 이 센터의 이름에 '하버드'라는 말이 반드시 들어갈 것을 고집해 관철시키면서 이런 말을 남겼다. When Harvard takes a step, it's noted(하버드가 움직이면 모두가 주목한다).[30]

Twenty-first-century organizations have to compete on brands because they have nothing left. They can't get product differentiation; they can't get superior pricing, distribution or promotion, so branding strategy is it(오늘날 조직은 차별화 방법이 더는 남아 있지 않기 때문에 브랜드로 경쟁해야만 한다. 그들은 더 나은 가격 정책도 유통망 개발도 프로모션도 실시할 수 없다. 방법은 오직 브랜딩뿐이다).[31] 미국 노스웨스턴대학 마케팅 교수인 돈 에드워드 슐츠Don Edward Schultz, 1934~2020가 1997년에 출간한 『브랜드 커뮤니케이션 측정Measuring Brand Communication』에서 한 말이다.

People don't have time to choose everything in their lives(사람들은 일상 속 선택의 순간에 대해 고민할 시간이 없다). 애플의 스티브 잡스Steve Jobs, 1955~2011가 1997년 9월 애플에 복귀 후 제품 종류의 70퍼센트를 없애버리면서 한 말이다. 그는 애플 브랜드의 재건을 외치면서 집중을 강조했다. 즉, 브랜드는 그 선택의 순간을 도와주기 때문에 정보가 넘쳐나는 시대에는 브랜드가 더욱 중요하다는 논리였다.[32]

Starting today you are a brand. You're every bit as much a brand as Nike, Coke, Pepsi, or the Body Shop. If you are to succeed, your most important job is to be head master for the brand called You(오늘 부터 당신 자신이 브랜드다. 나이키, 코카콜라, 펩시, 바디숍과 하나도 다를 바 없는 브랜드다. 성공하기 위해 해야 할 가장 중요한 것은 '당신'이라는 이름의 브랜드를 관리하는 책임자가 되는 것이다).[33] 미국의 경영 컨설턴트 톰 피터스Tom J. Peters, 1942~가 1997년 「The Brand Called You(당신이라는 이름의 브랜드)」라는 글에서 한 말이다.

Once, the worst thing that could be said of someone was that he had sold out. Now the worst thing that can be said is that he's not selling(과거만 해도 어떤 사람에 대한 최악의 말은 자신을 팔았다는 것이었다. 그러나 이제는 자신을 팔지 못한다는 것이 최악의 말이 될 것이다).[34] 미국 경제학자 로버트 라이시Robert B. Reich, 1946~가 『부유한 노예』(2000)에서 '개인의 브랜드화'와 관련해 한 말이다.

Your brand is what other people say about you when you're not in the room(당신의 브랜드란 당신이 없는 곳에서 사람들이 당신에 대해 하는 말과 같다). 미국 아마존 회장 제프 베

이조스Jeff Bezos, 1964~의 말이다. 그는 회사의 브랜드에 대해선 이렇게 말했다. A brand for a company is like a reputation for a person. You earn reputation by trying to do hard things well(회사의 브랜드는 사람에 대한 평판과 같다. 당신은 어려운 일을 잘해냈을 때 좋은 평판을 얻을 수 있다).[35] 베이조스는『브랜드위크』와의 인터뷰에선 브랜드의 속성에 대해 이렇게 말했다. "브랜드는 건조되는 시멘트와 상당히 비슷하다. 시간이 얼마 지나지 않았을 때는 유연하고 펴늘이기도 쉽지만, 시간이 지날수록 특정한 모양으로 고착되고 확장도 어려워지기 때문이다."[36]

　　Could brands take over the role that religions and philosophical movements used to own(종교와 철학이 담당했던 역할을 브랜드가 떠맡을 수 있을까)? 영국의 정기간행물『브랜드 전략Brand Strategy』(2003년 1월 2일)에 대니얼 뒤물린Daniel Dumoulin이 쓴「브랜드: 새로운 종교Brands: The New Religion」라는 글은 이와 같은 질문을 던진 뒤 종교와 브랜드가 통합되고 있다는 결론을 내렸다.

　　뒤물린의 주장에 따르면, 애플의 마케팅 전

략은 불교적이고 P&G의 세제 광고는 가톨릭의 교리에 비유될 수 있다. 종교는 현대적인 가치관과 종교가 관련되어 있음을 증명해야 하고, 브랜드는 "소비자들의 감정적·영적 욕구 속으로 깊이 파고 들어갈 수 있는 능력ability to go deeper into the emotional/spiritual needs of their customers"에 따라 미래가 좌우된다는 것이다.[37]

우리는
먼저 생각하고
나중에 행동할 수
없다

Actions speak louder than words(말보다는 행동이 더 큰 힘을 쓰는 법이다). 격언으로, 실천이 말보다 더 중요하다는 뜻이다. 15세기엔 "A man ought not to be deemed by his words, but by his works"였던 것이 19세기부터 이렇게 쓰이게 되었다. 여기서 deem은 consider와 같은 뜻이다.[38]

Suit the action to the word, the words to the action(말을 행동에 맞추지 말고 행동을 말에 맞춰라). 영국 극작가 윌리엄 셰익스피어William Shakespeare, 1564~1616의 말이다. 그는 이런 말도 남겼다. Pleasure and action make the hours seems short(즐겁게 일하면 시간도 짧게 느껴진다).[39]

Action may not always bring happiness; but there is no happiness without action(행동이 늘 행복을 가져다주는 건 아니지만 행동 없이 행복은 없다). 영국 정치가이자 작가인 벤저민 디즈레일리Benjamin Disraeli, 1804~1881의 말이다.

The great end of life is not knowledge, buit action(인생의 위대한 목표는 지식이 아니라 행동이다).[40] 영국 생물학자 토머스 헨리 헉슬리Thomas Henry Huxley, 1825~1895의 말이다.

Action may not bring happiness, but there is no happiness without action(행동이 반드시 행복을 안겨주지 않을지는 몰라도 행동 없는 행복이란 없다).[41] 미국 철학자이자 심리학자인 윌리엄 제임스William James, 1842~1910의 말이다.

The only difference between success and failure is the ability to take action(성공과 실패의 유일한 차이는 실천력이다). 전화를 발명한 알렉산더 그레이엄 벨 Alexander Graham Bell, 1847~1922의 말이다.

Think like a man of action and act like a man of thought(행동하는 사람처럼 생각하고 생각하는 사람처럼 행동하라). 프

랑스 철학자 앙리 베르그송Henri Bergson, 1859~1941의 말이다.

We cannot think first and act afterwards. From the moment of birth we are immersed in action and can only fitfully guide it by taking thought(우리는 먼저 생각하고 나중에 행동할 수 없다. 태어나는 순간부터 우리는 행동 속으로 빠져들게 되며, 생각을 통해서 행동을 적절히 이끌어나갈 수 있을 뿐이다).[42] 영국 수학자이자 철학자인 앨프리드 노스 화이트헤드Alfred North Whitehead, 1861~1947의 말이다.

The great accomplishments of man have resulted from the transmission of ideas, into enthusiasm, into actions(인간의 위대한 업적들은 아이디어를 열정으로, 그리고 행동으로 옮긴 결과였다).[43] 미국 IBM의 창업자이자 최고경영자였던 토머스 왓슨Thomas J. Watson, 1874~1956의 말이다.

I never worry about action, but only about inaction(나는 실행하는 게 두려운 게 아니라 아무것도 하지 않는 게 두렵다).[44] 영국 정치가 윈스턴 처칠Winston Churchill, 1874~1965의 말이다.

Success seems to be connected with action.

Successful men keep moving. They make mistakes, but they do not quit(성공은 행동과 연결되어 있는 것으로 보인다. 성공하는 사람은 끊임없이 움직인다. 실수를 저지르기도 하지만 결코 포기하지 않는다).[45] 미국 힐튼호텔의 창업자인 콘래드 힐턴Conrad N. Hilton, 1887~1979의 말이다.

Motivation does not come first, action does. Individuals who procrastinate wait until they feel in the mood to do something(의욕이 아니라 행동이 먼저다. 할 일을 미루는 사람은 어떤 일을 해야겠다는 기분이 들 때까지 기다리기만 한다).[46] 미국 정신과 의사 데이비드 D. 번즈David D. Burns, 1942~의 말이다.

A brilliant idea withour action is like Mark McGwire playing baseball without a bat(아이디어는 좋은데 실행하지 않는 것은 마크 맥과이어가 배트 없이 야구 하는 것과 같다).[47] 세계적인 베스트셀러 『닭고기 수프』 시리즈의 공저자인 미국의 자기계발 전문가 잭 캔필드Jack Canfield, 1944~의 말이다. 마크 맥과이어Mark McGwire, 1963~는 MLB 역사상 신인 최다 홈런인 49홈런, 홈런왕, 만장일치 신인왕에 오르는 등 화제를 몰고 다닌 슈퍼스타였다.

Fear begin to melt away when you begin to take action on a goal you really want(당신이 진정으로 원하는 목표를 달성하기 위해 행동에 착수하는 순간, 두려움은 녹아 없어지기 시작한다).[48] 미국 작가 로버트 앨런Robert G. Allen, 1948~의 말이다.

The one thing that separates the winners from the losers is, winners take action(승자와 패자를 분리하는 단 한 가지는 승자는 실행하는 사람이라는 점이다).[49] 미국의 자기계발 전문가 토니 로

빈스Tony Robbins, 1960~의 말이다.

If you have goals and procrastination, you have nothing. If you have goals and you take action, you will have anything you want(목표가 있어도 꾸물거리면 아무것도 얻을 수 없다. 목표가 있으면 착수해야 원하는 어떤 것이든 가질 수 있는 법이다).[50] 미국의 자기계발 전문가 토머스 빌로드Thomas J. Vilord의 말이다.

행동을 찬양하는 이 수많은 명언이 시사하듯이, 우리 인간에겐 이른바 '행동 편향action bias'이라는 게 있다. 똑같은 결과, 아니 더 나

쁜 결과가 나오더라도 가만있는 것보다는 행동하는 게 더 낫다는 믿음이다. 아니 어쩌면 그건 본능인지도 모른다. 앞서 소개한, "우리는 먼저 생각하고 나중에 행동할 수 없다"는 화이트헤드의 말을 상기해보라.

이스라엘 심리학자 마이클 바-엘리Michael Bar-Eli는 축구 경기에서 페널티킥을 차는 선수들을 관찰했다. 3분은 1은 공을 골대의 중앙, 3분의 1은 왼쪽, 나머지 3분의 1은 오른쪽으로 차더라는 게 밝혀졌다. 그런데 골키퍼들 중 2분의 1은 왼쪽으로 몸을 날렸고 나머지 2분의 1은 오른쪽으로 몸을 날렸다. 확률은 같은데도 중앙에 멈춰 서 있는 경우는 드물었다.

왜 그랬을까? 동네 축구를 한 번이라도 해본 사람은 그 이유를 쉽게 짐작할 것이다. 그 자리에 멈춰 선 채 공이 왼쪽이나 오른쪽으로 스쳐 지나가는 것을 보고 있는 건 최선을 다하지 않는 것처럼 보인다.

차라리 틀린 방향으로라도 몸을 날리는 편이 훨씬 더 나아 보일 뿐만 아니라 골키퍼 자신도 심적으로 덜 괴롭다. 비록 아무런 소용이 없더라도 행동을 보여야 할 필요가 있는 것이다.[51]

이런 행동 편향은 인류의 오랜 진화의 역사와 관련이 있다는 주장이 있다. 사냥꾼과 채집가들이 살던 환경에서는 번개처럼 빠른 반응이 생존하는 데 중요했으며, 오히려 생각하는 것은 자신의 안전에 치명적인 결과를 초래할 수 있었다는 것이다. 이제 세상은 크게 달라졌지만, 인간의 그런 습성은 여전히 우리를 지배하고 있는 것이다.[52]

바꿔라,
그러면서
바꾸지 마라

The secret of change is to focus all of your energy, not on fighting the old, but on building the new(변화의 비결은 과거를 놓고 싸우는 것이 아니라 새로운 것을 만들어나가는 데 모든 에너지를 집중하는 것이다).[53] 고대 그리스 철학자 소크라테스Socrates, B.C.469~B.C.399의 말이다.

It is best not to swap horses while crossing the river(강을 건너는 중에는 말을 갈아탈 수 없다). 미국 제16대 대통령 에이브러햄 링컨Abraham Lincoln, 1809~1865의 말이다. 그는 남북전쟁(1861~1865) 중에 치러진 1864년 대선에서 시종일관 이 말을 반복해 주장함으로써 재선에 성공했다. 이 말이 유명해져 말을 갈아타는 게 지도자를 바꾼다는 의미로 쓰이게 되었고, 아예 속담이나 격언 비슷한 위치로 격상되었다.

CHANGE

그래서 swap(change) horses in midstream은 "중요한 순간에 지도자를 바꾸다"는 뜻이다. Don't change(swap) horses in mid-stream=Never swap horses crossing a stream(강을 건널 땐 말을 갈아타지 마라. 중도에 말을 갈아타지 마라. 중요한 순간엔 지도자를 바꾸는 게 아니다). 이 속담처럼 이 표현은 늘 부정형으로 쓰인다.[54]

To improve is to change; to be perfect is to change often(개선하려면 바꿔야 하고 더 개선하려면 계속 바꾸면 된다).[55] 영국 정치가 윈스턴 처칠Winston Churchill, 1874~1965의 말이다.

The change must be a change in the 'cultural atmosphere', not merely a change of a single item(변화는 개별적인 항목의 변화가 아니라 집단적인 분위기의 변화가 되어야 한다). 독일 심리학자 쿠르트 레빈Kurt Lewin, 1890~1947의 말이다. 그는 다음과 같은 명언도 남겼다. Changes should be much deeper than verbal or social level or legal actions(변화는 언어적 차원이나 사회적 혹은 법적 행위보다 훨씬 더 깊어야 한다).[56]

The curious paradox is that when I accept myself just as I am, then I can change(이상한 역설은 내가 있는 그대로의

나를 받아들일 때 비로소 내가 변할 수 있다는 것이다).[57] 미국 심리학자 칼
로저스Carl Rogers, 1902~1987의 말이다.

Change is the law of life. And those
who look only to the past or present
are certain to miss the future(변화는
삶의 규칙이다. 과거나 현재만 바라보는 사람은
미래를 놓친다).[58] 미국 제35대 대통령 존 F.
케네디John F. Kennedy, 1917~1963의 말이다.

Remember that change is most
successful when those who are affected
are involved in the planning(변화는 그 영향을 받는
사람들이 기획에 참여할 때에 성공 가능성이 높아진다는 것을 명심하라).[59] 미
국 리더십 전문가 워런 베니스Warren G. Bennis, 1925~가 『왜 지도자는
지도할 수 없는가Why Leaders Can't Lead』(1989)에서 한 말이다.

Every single year, we're a different person. I don't
think we're the same person all of our lives(매년 우리는 다른
사람이다. 일생 동안 같은 자리에서 머무르는 사람은 없다).[60] 미국 영화감독
스티븐 스필버그Steven Spielberg, 1946~의 말이다.

We hesitate, in the face of change because change
is loss. But if we don't accept some loss, we can lose
everything(우리는 변화에 직면하면 망설인다. 변화는 곧 상실을 의미하기
때문이다. 하지만 어느 정도의 상실을 받아들이지 않는다면 결국 모든 것을 잃
을 수 있다).[61] 영국의 정신분석학자 스티븐 그로스Stephen Grosz, 1952~
의 말이다.

The Paradox of Change: The best time to do it is when it seems the least necessary. Why so? Because we're able to deal with it in a positive environment with clear heads, rather than the desperation and sometimes panic of troubled times(변화의 역설: 변화를 시도하는 데에 가장 좋은 시점은 변화가 전혀 필요치 않다고 여겨질 때다. 왜 그런가? 변화가 필요하다고 느끼는 어려운 상황에선 좌절과 심지어는 패닉 상태에 빠지는 반면, 변화가 필요치 않다고 느끼는 좋은 환경에선 차분하고 명석한 판단으로 대처할 수 있기

때문이다). 미국의 리더십 전문가 데이비드 코트렐David Cottrell, 1953~
이『지도자여 들으라Listen Up, Leader!』(2000)에서 한 말이다.[62]

Change it, but do not change it(바꿔라, 그러면서 바꾸지 마라).
포르셰의 디자인 정책이다. 포르셰의 창업자인 페르디난트 포르셰
Ferdinand Porsche, 1875~1951는 이런 말을 남겼다. The last car ever
built will be a Sports Car(이 세상에서 가장 마지막으로 만들어질 차,
그것은 스포츠카가 될 것이다) 그렇다면 결국 디자인이 핵심일 수밖에 없
다는 이야기가 아닌가?

동국대학교 교수 여준상은 「너무 많은 선택지는 독毒…소비자
는 간단한 걸 원한다」는 칼럼에서 이렇게 말한다. "변화에도 역발상
이 개입한다. 변화는 기존 것을 포기하고 새로운 것을 만드는 것인가?
그렇지 않다. 브랜드 아우라와 전통은 '일관된 변화consistent change'를

통해 영생한다. 포르셰는 외양이 지속적으로 바뀌긴 했지만, 큰 디자인 핵심은 그대로 유지했다."[63]

그런데 사실 포르셰의 디자인 정책이야말로 정체성은 고수한다는 점에서 change의 의미에 가까운 것이다. 미국 정치철학자 셸던 월린Sheldon S. Wolin, 1922~2015은 "미국인은 '변신transformation'에 대해서는 거부감을 보이지만, '변화change'에 대해서는 쉽게 받아들이고, 심지어 환영하기조차 하는 성향을 지닌 것으로 보인다"며 다음과 같이 말한다.

"'변화'는 기존의 '핵심적인' 정체성을 보존하는 가운데서 나타나는 수정modification을 함의한다. 반면 변신은 옛 정체성의 폐기 또는 전복과 새로운 정체성의 획득을 함의한다. 변화와 변신, 이 두 극 사이에 제3의 가능성이 존재한다. 즉, 변신이 나타나지만 옛 형식은 보존될 가능성 말이다. 바로 이 제3의 방식으로 잉글랜드(훗날 United Kingdom)는 자신이 가진 체제의 핵심적 성격을 제거한 이후에도 오랫동안 군주제라는 장식裝飾을 보존했다."[64]

제2장

야
망
·
명
성
·
성
공

야망과 불만은
동전의
양면이다

Ambition makes people diligent(야망은 사람을 부지런하게 만든다). 고개가 끄덕여지는 말이다. 게으르면서 야망을 가진 사람을 본 적이 있는가? 부지런함은 ambition의 어원과도 관련이 있다. 미국 심리학자 해럴드 힐먼Harold Hilman은 다음과 같이 말한다.

"영어 단어 'ambition'의 라틴어 어원인 'ambire'는 본래 돌아다닌다는 뜻이지만 흔히 지지나 표를 부탁한다는 의미로 쓰였다. 그 원동력은 'ambitio', 곧 무언가를 향한 욕구였다. 'ambitus'는 순회, 언저리, 외곽을 뜻한다. 따라서 포부가 있는 사람은 욕구를 원동력으로 삼아 타인에게 자신이 발전할 수 있도록 도와달라고 부탁하는 사람이다."[1]

Ambition is so powerful a passion in the human breast, that however high we reach we are never satisfied(야망은 인간의 너무도 강렬한 열정이기 때문에 아무리 높은 곳에 이른다고 해도 우리는 결코 만족하지 않는다). 이탈리아 정치가이자 사상가인 니콜로 마키아벨리Niccolò Machiavelli, 1469~1527의 말이다.

Ambition is the immoderate desire for power(야망은 권력에 대한 과도한 욕망이다).[2] 네덜란드 철학자 바뤼흐 스피노자Baruch Spinoza, 1632~1677의 말이다. 그는 욕망을 인간 속박의 형식으로 보았지만, "욕망은 인간의 본질이다"고 천명함으로써 욕망이 인간을 움직이는 원동력임을 인정했다. 어떤 걸 좋아하기 때문에 욕망하는가, 아니면 욕망하기 때문에 좋아하는가? '닭과 계란' 논쟁을 방불케 하는 이 고전적인 물음에 스피노자는 후자를 택했다. 이건 기존 욕망 이론에 대한 도전이었다. 이 도전은 훗날 스피노자가 혁명적 사상가로 예찬받는 근거가 되었다.[3]

Benjamin Franklin celebrated wholesome ambition.……He managed to place worldly ambition in a low but sturdy moral framework. Be honest. Work hard. Be straightforward. Focus on the concrete and immediate interests rather than the abstract and utopian visions(벤저민 프랭클린은 건전한 야망을 예찬했다.……그는 세속적인 야망을 높이는 낮지만 튼튼한 도덕적 울타리 속에 집어넣었다. 정직하라. 열심히 일하라. 솔직하라. 추상적이고 이상적인 비전보다 구체적이고 즉각적인 관심에 집중하라).[4]

미국 작가 데이비드 브룩스David Brooks, 1961~가 『보보스: 디지털 시대의 엘리트Bobos in Paradise: The New Upper Class and How They Got There』(2000)에서 한 말이다. 이 책은 미국의 '야망의 변천사' 이기도 하다. 이런 변천사에 빠트릴 수 없는 중요한 인물이 미국 정치가이자 발명가인 벤저민 프랭클린Benjamin Franklin, 1706~1790이 다. 그는 『자서전The Autobiography』 (1771)에서 중용, 침묵, 질서, 결단, 검소, 근면, 성실, 정직, 절제, 청결,

평정, 정숙, 겸손 등 13개 덕목을 강조했다. 그는 종교적 가치를 전파하기 위해서가 아니라 '건전한 야망'을 달성하는 데 실제적으로 유용하기 때문에 이 덕목들을 실천하라고 권고했다.[5]

The incentive to ambition is the love of power(야망을 키우는 건 권력에 대한 사랑이다).[6] 영국 작가 윌리엄 해즐릿William Hazlitt, 1778~1830의 말이다.

The first love affair of a young man entering society is generally one of ambition(사회에 진출하는 젊은이의 첫사랑은 대개 야망에 대한 사랑이다).[7] 프랑스 소설가 스탕달Stendhal, 1783~1842의 말이다.

Ambition, the desire of shining and outshining, was the beginning of sin in this world(야망, 즉 자신이 빛나고 남의 빛을 압도하겠다는 욕망이 이 세상 죄악의 시작이다).[8] 영국 역사가 토머스 칼

라일Thomas Carlyle, 1795~1881의 말이다. 야망의 화신이라 할 영웅을 예찬한 칼라일이 이렇게 말했다니, 뜻밖이다.

Hitch your wagon to a star(대망을 품어라). 미국 철학자 랠프 월도 에머슨Ralph Waldo Emerson, 1803~1882의 말이다. 마차를 몰고 싶으면 말을 마차에 매야 하는데, 매는 걸 가리켜 hitch라고 한다. 마차를 말에 매지 않고 별에 매라는 말은 목표를 높이 잡아야 한다는 뜻인데, 이 말이 나오게 된 맥락을 이해하기 위해 좀더 길게 인용하자면 다음과 같다.

Hitch your wagon to a star. Let us not fag in paltry works which serve our pot and bag alone. Let us not lie and steal. No god will help……every god will leave us. Work rather for those interests which the divinities honor and promote,-justice, love, freedom, knowledge, utility(마

차를 별에 매라. 우리의 냄비와 주머니만 채우는 사소한 일들에 매달리지 말자. 거짓말하고 훔치지 말자. 어떤 신도 돕지 않을 것이다.……모든 신이 우리를 떠날 것이다. 차라리 신들이 존중하고 부추길 일들-정의, 사랑, 지식, 공리-을 위해 일하라).[9]

Most people would succeed in small things if they were not troubled with great ambition(대부분의 사람들이 큰 야망으로 근심하지 않는다면 작은 일에선 성공할 것이다). 미국 시인 헨리 워즈워스 롱펠로Henry Wadsworth Longfellow, 1807~1882의 말이다.

Boys, be ambitious! Be ambitious not for money or for selfish aggrandizement, not for that evanescent thing which men call fame. Be ambitious for the attainment of all that a man ought to be(소년이여, 야망을 가져라! 돈이나 이기심을 위해서도, 사람들이 명성이라 부르는 덧없는 것을 위해서도 말고. 단지 사람이 갖추어야 할 모든 것을 추구하는 야망을).[10]

미국의 화학자 윌리엄 스미스 클라크William Smith Clark, 1826~1886가 일본 삿포로농학교(현재 홋카이도대학) 초대 학장을 지내고 미국으로 돌아가기 직전인 1877년 4월 16일 학생들과의 송별식에서 한 말이다. "Boys, be ambitious!"는 한국에서도 널리 쓰여 일종의 슬로건이 되다시피 했다.

Ambition is the last refuge of failure(야망은 실패의 최후의 도피처다).[11] 영국 작가 오스카 와일드Oscar Wilde, 1854~1900의 말이다.

I am not, so far as I know, ambitious(내가 아는 한 나는 야심적인 사람은 아니다).[12] 정신분석의 창시자인 오스트리아 정신병리학자 지그문트 프로이트Sigmund Freud, 1856~1939의 말이다.

Discontent is something that follows ambition like a shadow(불만은 그림자처럼 야망을 따라다닌다). 미국 작가 헨리 해스킨스Henry S. Haskins, 1875~1957의 말이다. 이게 바로 벤저민 프랭클린이 기대했던 '건전한 야망'이 건전한 방향으로만 나아가기 어려운 이유이기도 하다. 야망과 불만은 동전의 양면이라고 보는 게 옳을지도 모르겠다.

I hitched my wagon to an electron rather that the proverbial star(나는 내 마차를 그 유명한 별 대신 전자電子에 맸다).[13] 러시아 출신으로 미국 방송·전자산업의 개척자인 데이비드 사르노프David Sarnoff, 1891~1971가 RCA 회장으로 있던 1958년에 한 말이다. 1900년에 뉴욕으로 이민을 온 그는 전신 기사로 일하다가 1912년 4월 타이태닉호 침몰 때 SOS를 최초로 포착했으며, 1919년 RCA가 창립했을 때에 영업부장으로 참가했고, 1926년 RCA의 자회사로 방송사인 NBC가 설립되었을 때도 참여해 나중에 회장이 되었다.

Focusing your life solely on making a buck shows a certain poverty of ambition. It asks too little of yourself. Because it's only when you hitch your wagon to something larger than yourself that you realize your true potential(돈을 버는 데에만 삶을 집중하는 것은 야망 따위는 없다는 것을 보

여줍니다. 그런 꿈은 여러분이 어떤 사람이 되는지와 관련이 없어요. 자신보다 커다란 어떤 것에 마차를 맬 때에만 여러분의 진정한 잠재력을 실현할 수 있습니다).[14] 미국 제44대 대통령 버락 오바마Barack Hussein Obama, 1961~ 가 2006년 미국 노스웨스턴대학 졸업생들에게 한 말이다.

fame

명성은 사람들이
어리숙하다는
증거다

Fame is the perfume of heroic deeds(명성은 영웅적 행위의 향수
다).[15] 고대 그리스 철학자 소크라테스Socrates, B.C.469~B.C.399의 말이다.

Fame and tranquility can never be bedfellows(명성과
평온은 전혀 어울리지 않는다).[16] 프랑스 철학자이자 작가인 미셸 드 몽테
뉴Michel de Montaigne, 1533~1592의 말이다.

The fame of great men ought to be judged always by the means they used to acquire it(위대한 인물들의 명성은 늘 그들이 그걸 얻기 위해 사용한 수단에 의해 평가되어야 한다).[17] 풍자와 역설의 잠언으로 유명한 프랑스 작가 라로슈푸코François de La Rochefoucauld, 1613~1680의 말이다.

Fame has also this great drawback, that if we pursue it, we must direct our lives so as to please the fancy of men(명성의 큰 단점은 그것을 좇을수록 다른 이들의 비위를 맞추는 데 공을 들여야 한다는 것이다).[18] 네덜란드 철학자 바뤼흐 스피노자Baruch Spinoza, 1632~1677의 말이다.

I awoke one morning and found myself famous(나는 하루아침에 유명해졌다).[19] 영국 시인 조지 고든 바이런George Gordon Byron, 1788~1824의 말이다. 10세의 어린 나이에 성 한 채와 귀족 칭호를 유산으로 받은 바이런은 한가한 시간에 시를 써서 『차일드 해럴드의 순례Childe Harold's Pilgrimage』 (1812)라는 시집을 출간했는데, 이

책은 3주일 만에 5,000부가 팔리는, 당시로선 대성공을 거두었다. 그의 명성은 영국뿐 아니라 프랑스에서 러시아까지 전 유럽에 울려 퍼졌는데, 바이런 자신이 이를 두고 한 말이다. 하지만 24세의 젊은 나이에 벼락같이 얻은 성공은 오히려 그에게 독약이 되었다. 방탕한 생

활에 빠져 건강을 해쳐 36세에 병으로 사망했다. 사후 그의 명성은 더욱 치솟았으니,[20] 이를 성공한 인생이라고 해야 하는가? 그는 명성에 대해 다음과 같은 말도 남겼다. Fame is the thirst of youth(명성은 청춘의 갈증이다).[21]

명성은 오랜 세월에 걸쳐 형성되기도 하지만, 하루아침에 명성의 벼락부자가 되는 사람도 많다. 미디어가 발달한 오늘날엔 하루아침에 유명해지는 경우가 많다. 또 그래서 그만큼 빨리 잊힌다. 우리는 명성의 대량생산 시대에 살고 있는 것이다.

Fame is proof that people are gullible(명성은 사람들이 어리숙하다는 증거다).[22] 미국 철학자 랠프 월도 에머슨Ralph Waldo Emerson, 1803~1882의 말이다. 그렇다면 사람들이 날로 어리숙해지고 있는 걸까? 오늘날 '셀러브리티celebrity(유명 인사, 명성)'는 'celebritocracy(유명 인사에 의한 지배체제)',[23] 'Celebrity-Industrial Complex(유명 인사와 미디어 산업의 유착)'[24] 등과 같은 용어들이 나올 정도로 현대사회의 중요한 현상으로 부각되었으니 말이다.

Fame is a vapor; popularity an accident; the only earthly certainty is oblivion(명성은 수증기요 인기는 우연이다. 세

속적으로 유일하게 확실한 것은 망각이다).[25] 미국 작가 마크 트웨인Mark Twain, 1835~1910의 말이다.

The highest form of vanity is love of fame(허영심의 극치는 명성욕이다). 스페인 출신의 철학자 조지 산타야나George Santayana, 1863~1952의 말이다.

Fame is a powerful aphrodisiac(명성은 강력한 최음제다).[26] 영국 소설가 그레이엄 그린Graham Greene, 1904~1991의 말이다.

The professional celebrity, male and female, is the crowning result of the star system of a society that makes a fetish of competition(전문적인 유명 인사는 남녀를 막론하고 경쟁을 숭배하는 사회가 만든 스타 시스템의 대미를 장식하는 결과다).[27] 미국 사회학자 C. 라이트 밀스C. Wright Mills, 1916~1962가『파워 엘리트The Power Elite』(1957)에서 한 말이다. 유명 인사는 내용 없는 경쟁 만능주의의 산물로 사회적 중요성과 무관하게 어느 분야에서건 치열한 경쟁을 뚫고 승리한 사람에게 경쟁 숭배 의식의 일환으로 주어지는 타이틀이라

는 뜻이다.

오늘날엔 지식인들도 명성의 유혹을 외면하긴 어렵다. 폴란드 출신의 영국 사회학자 지그문트 바우만Zygmunt Bauman, 1925~2017은 '지적 노출증'의 폐해를 경고하면서 이렇게 말했다. "현대 지식인의 공적 주목도는 명성fame보다 악명notoriety에 더 좌우된다."[28]

Frankly, I wasn't expecting this kind of reaction. I wanted the thing to be quite speculative and thought provoking. I guess I succeeded beyond my expectations(솔직히 저는 이런 반응을 예상하지 못했습니다. 저는 모험적인 의제와 도발적인 사고를 원했던 겁니다. 아무래도 제 기대 이상으로 성공을 거둔 것 같습니다).[29] 일본계 미국 지식인 프랜시스 후쿠야마Francis Fukuyama, 1952~가 1989년에 쓴 「역사의 종언The End of History」이라는 글이 폭발적인 반응을 얻어 하루아침에 유명해진 것에 대해 한 말이다. speculative는 "이론적인, 사색적인, 사변적인, 투기적인, 모험적인"이란 뜻이다.

셀럽은
우리 시대의
종교다

「기침만 해도 뉴스 되는 '셀럽'」이라는 기사 제목이 시사하듯이,[30] 셀럽은 한국 언론에서 널리 쓰이는 외래어가 되었다. 셀럽Celeb은 '셀러브리티Celebrity'의 줄임말로, 누구나 따라 하고 싶을 정도로 유행을 이끄는 유명 인사를 가리킨다. celebrity의 어원은 much frequented(많이 들락거리는), thronged(붐비는)를 뜻하는 라틴어 celebar다.[31]

점잖은 지식인들은 대중이 celebrity에 열광하는 현상에 대해 비판적이지만, 이는 전 세계적인 현상인 걸 어이하랴. 한국이 좀 유난스럽긴 하지만, 비교적 좀 점잖다는 영국도 한국 못지않다. 영국인의 36퍼센트 정도가 병적일 정도로 유명인에게 집착해 '유명인 숭배증CWS: Celebrity Worship Syndrome'이라는 공식 병명이 생겨났을 정도다.[32]

Although it may go too far to sat that the politician-

as-celebrity has, by itself, made political parties irrelevant, there is certainly a conspicuous correlation between the rise of the former and the decline of the latter(정치인이 유명 인사가 될수록 정당은 무력화된다고 하면 심한 말로 들리겠지만, 유명 인사 정치인의 부상과 정당의 퇴조 사이에는 확실히 뚜렷한 상관관계가 있다).[33]

미국의 커뮤니케이션 학자 닐 포스트먼Neil Postman, 1931~2003이 『죽도록 즐기기: 쇼 비즈니스 시대의 공적 담론Amusing Ourselves to Death: Public Discourse in the Age of Show Business』(1985)에서 한 말이다.

Celebrity is the religion of our time(유명 인사는 우리 시대의 종교다).[34] 미국 『뉴욕타임스』 칼럼니스트 모린 다우드Maureen Dowd, 1952~가 1996년 4월 25일자 칼럼에서 한 말이다.

사회문제에 적극 참여해 자신의 목소리를 내는 유명인들의 활동을 'celebrity activism(셀럽 행동주의)'이라고 한다. 셀럽 행동주의가 언제나 칭찬을 받는 것은 아니며, 속 다르고 겉 다른 위선적인 모습으로 비난을 받기도 한다. 흑인 인권 활동을 벌여온 할리우드 '파워 커플' 비욘세Beyoncé, 1981~와 제이지JAY-Z, 1969~ 부부도 그런 비난을 받았다.

비욘세-제이지 부부는 매년 아카데미 시상식 뒤풀이 파티를 '샤토 마먼트Chateau Marmont'라는 호화 호텔에서 열었다. 로스앤젤레스의 유서 깊은 이 호텔은 열악한 노동조건과 경영진의 성추행 의혹 등으로 2022년 초부터 직원들이 "이 호텔을 이용하지 마라"는 보이콧 시위를 벌여왔다. 비욘세-제이지 부부의 인권 활동과 호텔 직원의 상당수가 흑인 여성이라는 점 등에 비춰볼 때 호텔 이용을 취소하는 것이 옳다는 여론이 지배적이었지만 부부는 개의치 않고 파티를 열었다.

그러자 호텔 노조 대표는 이렇게 비판했다. "When you crossed the picket lines, you made it clear you were not on the

side of working people(당신들은 시위대의 선을 넘는 순간 노동자의 편이 아니라는 것을 보여주었다)." 시위를 'picket lines'라고 한다. 시위대가 피켓을 들고 시위를 벌이는 선을 의미한다. 'cross picket lines'는 '시위대의 선을 넘는다'는 뜻으로 '배신하다'는 의미다. 파티 주최자인 비욘세-제이지 부부는 물론 초대객인 킴 카다시안Kim Kardashian, 1980~, 가수 리아나Rihanna, 1988~ 등도 "무개념 연예인"으로 찍혀 욕을 먹었다고 한다.[35]

Anyone can put on a dress and makeup. It's your mind that will define you(누구나 드레스와 화장으로 치장할 수 있다. 하지만 중요한 것은 마음이다). 배우 앤젤리나 졸리Angelina Jolie, 1975~의 말이다. 졸리는 3명의 입양아를 포함해 총 6명의 자녀를 두고 있다. 자녀들을 자선 활동 때마다 데리고 다니는 졸리가 2022년 잡지 인터뷰에서 자신의 딸 3명에게 들려주는 메시지로 이와 같이 말한 것이다. 'put on'은 몸 위에 걸치는 것을 말한다. 옷을 입는 것은 'put on clothes,' 신발을 신는 것은 'put on shoes,' 화장을 하는 것은 'put on makeup'이다. 'put on' 다음에 'weight'가 오면 '무게를 걸치다', 즉 '살이 찌다'는 의미다.[36]

Some day each of us will be famous for fifteen minutes(미래엔 모든 사람이 15분간은 세계적으로 유명해질 수 있을 것이

다). 미국 팝아티스트 앤디 워홀Andy Warhol, 1928~1987이 1968년 스웨덴 스톡홀름에서 열린 자신의 전시회 카탈로그에 쓴 말이다. 여기서 "famous for fifteen minutes"라는 말이 유명해져, 영어에선 다음과 같은 용법으로 쓰이게 되었다. "They've had their fifteen minutes(잠시 떴을 뿐이야. 이제 곧 잊힐 걸)."[37]

이젠 비교적 작은 집단이나 한정된 팬들 사이에서 극도로 유명한 사람을 일컫는 '마이크로 유명인microcelebrity' 현상까지 나타났다. 이 단어의 창시자인 미국 뉴욕대학 미디어 교수 테레사 센프트Theresa Senft는 "사람들은 매디슨 애비뉴(광고계)에서 사용하는 수법을 개인적 삶에도 똑같이 적용하고 있다"고 말한다.[38] 그는 워홀의 말을 비틀어 "미래에 우리는 15명에게 유명해질 것이다"고 말했다.[39]

미국 작가 데이비드 즈와이그David Zweig는 『인비저블: 자기홍보의 시대, 과시적 성공 문화를 거스르는 조용한 영웅들Invisibles: Celebrating the Unsung Heroes of the Workplace』(2014)에서 "인터넷과 모바일 애플리케이션으로 무장한 현대인들은 그 어느 때보다도 자신의 행동과 생각을 주목받고 싶어 하며, 그렇게 할 수 있는 수단도 갖추고 있다"며 이제 우리는 '마이크로 유명인microcelebrity'의 시대에 살고 있다고 말한다.[40]

미국 털사대학의 인류학 교수 피터 스트롬버그Peter Stromberg는 현대의 브랜딩 전문가와 경제 기사들이 "자신의 장점을 파악하고 마케팅하는 방법을 알아내 자기 이미지를 PR하라"고 가르친다며 이렇게 말한다. "이제 페이스북은 자신을 브랜드화하는 거대한 플랫폼에 불과하다. 영화들이 점점 더 명랑하고, 시끄럽고 폭력적이 되어가는 이유도 이 때문이다. 관심을 끌기 위한 경쟁이 치열해지고 있는 것이다."[41]

셀럽이 우리 시대의 종교일지라도, 그 신앙의 열정은 각 사회마다 다르기 마련이다. 스위스 작가 알랭 드 보통Alain de Botton, 1969~은 "명성에 대한 사람들의 욕망이 얼마나 강렬한가 하는 문제는 그들이 속한 사회의 성격과도 관련이 있다. 극소수에게만 존엄과 호의가 주어진다면, 평범한 존재에서 벗어나고 싶은 충동은 더욱 거세진다"며 다음과 같이 말한다.

"따라서 '셀레브리티 문화'를 콕 집어 부도덕한 젊은이들 탓이라며 비난하는 사람은 핵심을 놓치고 있는 것이다. 셀러브리티 문화의 진짜 원인은 자기도취적인 얄팍함이 아니다. 진짜 이유는 친절함의 부족이다. 모두가 유명해지고 싶어 하는 사회는, 근본적으로 (넓은 의미에서) 여러 정치적 이유로 인해 평범한 삶을 살면서는 품위에 대한 자연스러운 욕구를 충족할 수 없는 사회다."[42]

불친절한 사회일수록 명성 욕망이 강해진다는 이야기인데, 꽤 그럴듯하게 들린다. 각 개인의 영역으로 한 걸음 더 들어가자면, 상처가 많은 사람일수록 더 명성에 집착한다는 가설도 가능할 것 같다. 가수 마돈나Madonna, 1959~의 다음 두 발언은 좀 황당하게 들리긴 하지만, 그녀의 불행했던 과거를 감안하면 이해할 수 있는 욕심이다.

I won't be happy till I'm as famous as God(나는 하나님만큼 유명해지기 전까진 만족할 수 없다). I have the same goal I've had ever since I was a girl. I want to rule the world(나는 소녀 시절부터 똑같은 목표를 갖고 있다. 그건 바로 세상을 지배하는 것이다).[43]

성공처럼
좋은 살균제는
없다

Success is more attitude than aptitude(성공은 재능보다는 마음가짐의 문제다). Success is never a destination-it is a journey(성공은 종착지가 아니라 여정이다. 성공은 결과가 아니라 과정이다). Act as if it were impossible to fail(반드시 성공한다는 각오로 행동하라). Success makes a fool seem wise(성공하면 바보도 잘나 보인다). If you love what you are doing, you will be successful(좋아하는 것을 하면 성공하게 된다). Success is largely a matter of holding on after others have let go(성공은 남들이 그만둘 때도 포기하지 않는 것이다). Success is not final, failure is not fatal: it is the courage to continue that counts(성공해도 끝난 것이 아니고 실패해도 치명적인 것은 아니다. 중요한 것은 계속하는 용기다).[44]
성공에 관한 격언 또는 재담들이다. 이젠 유명 인사들의 명언들을 감

상해보자.

Success: The one unpardonable sin against one's
fellows(성공: 자기 동료에게 범하는 용서 못할 오직 한 가지 죄).[45] 미국 작가
앰브로즈 비어스Ambrose Bierce, 1842~1914가 『악마의 사전』(1906)에서
내린 정의다. unpardonable은 "용서할 수 없는, 변명의 여지가 없는
(=unforgivable, inexcusable), (←pardonable)", the unpardonable
sin은 '(성서) 성령을 모독하는 죄', an intolerable(unpardonable)
insult는 '차마 견딜 수 없는 모욕', unpardonable insult는 '용서할
수 없는 모욕'이란 뜻이다.[46]

If you want to increase your success rate, double

your failure rate(성공률을 높이고 싶다면 실패율을 2배로 높여라).[47] 미국 IBM의 CEO 토머스 존 왓슨 시니어Thomas John Watson Sr., 1874~1956의 말이다.

It took me twenty years to become an overnight success(하룻밤 사이의 성공을 거두는 데에 20년이 걸렸다).[48] 미국의 가수이자 코미디언인 에디 캔터Eddie Cantor, 1892~1964의 말이다.

There is no disinfectant like success(성공처럼 좋은 살균제는 없다). 미국 역사가 대니얼 부어스틴Daniel J. Boorstin, 1914~2004의 말이다. 성공을 하면 모든 게 다 정당화된다는 이야기인데, 아마도 미국 역사가 리처드 호프스태터Richard Hofstadter, 1916~1970의 다음 말처럼 이걸 실감나게 입증해주는 것도 없을 것이다. Success, as in the Calvinist scheme, is taken as the outward sign of an inward state of grace(캘빈주의 교리에서 성공은 덕의 내적 상태가 밖으로 표현된 것으로 간주된다).

'살균제' 대신 '방취제'라는 표현을 쓴 사람도 있다. There is no deodorant like success(성공처럼 좋은 방취제는 없다).[49] 영국 출신의 미국 여배우 엘리자베스 테일러Elizabeth Taylor, 1932~2011의 말이다. 다음 명언도 테일러의 말로 알려져 있다. Money is the best deodorant(돈은 최고의 방취제다).[50]

Success follows doing what you want to do. There is no other way to be successful(하고 싶은 걸 할 때에 성공할 수 있다. 성공할 수 있는 다른 방법은 없다). 미국의 잡지 발행인 맬컴 포브스 Malcolm Forbes, 1919~1990의 말이다.

Success is not the key to happiness. Happiness is the key to success. If you love what you are doing, you will be successful(성공은 행복의 열쇠가 아니다. 행복이 성공의 열쇠다. 하는 일을 사랑하면 성공하게 된다).[51] 독일계 프랑스 의사이자 사상가인 알베르트 슈바이처Albert Schweitzer, 1875~1965의 말이다.

I do believe there's an enormous difference between success and rewards. The excitement of the moment when a creative idea happens–I believe that's what success is all about. The rest are just rewards(저는 성공과 보상은 크게 다르다고 믿습니다. 창조적 아이디어가 떠오르는 순간의 흥분, 그게 바로 성공의 모든 것이지요. 그 이후의 나머지가 돈일 뿐입니다). 영국 출신으로 미국에서 활약한 세계적인 헤어 디자이너 비달 사순Vidal Sassoon, 1928~2012이 1993년 『시카고트리뷴』과의 인터뷰에서 한 말이다. 이미 1980년대에 그가 경영하는 사순그룹의 연간 소득은 1억 달러가 넘었음에도 그는 성공은 돈이 아니라 창의성일 뿐이라고 주장했다.[52]

The wonderful thing is that the more successful you are, the more successful you are. The more you hear Penn is the institution of choice, the more you want to come(신나고도 놀라운 일은 당신이 성공을 하면 할수록 당신은 더 성공을 한다는 사실이다. 펜실베이니아대학이 선택할 만한 대학이라는 말을 많이 들을수

록 사람들은 더욱 그 학교로 가고 싶어 한다). 펜실베이니아대학 교무처장 토머스 에를리히Thomas P. Ehrlich, 1934~가 1980년대 초반 펜실베이니아대학이 벌인 이미지 개선 운동에 대해 언급하면서 한 말이다.[53]

Success doesn't come to you, you go to it(성공은 나를 찾아오는 것이 아니라, 내가 찾아가는 것이다). 미국 교육자 마바 콜린스 Marva Collins, 1936~2015의 말이다.

The road to success is always under construction(성공으로 가는 길은 항상 공사 중이다).[54] 미국 배우 릴리 톰린Lily Tomlin, 1939~의 말이다.

Success is no accident. It is hard work, perseverance, learning, studying, sacrifice and most of all, love of what you are doing or learning to do(성공은 결코 우연이 아니다. 성공은

노력, 인내, 학습, 공부, 희생, 무엇
보다도 자신이 하고 있거나 배우고
있는 일에 대한 사랑이다).[55] 브라
질 축구 선수 펠레Edson Arantes
do Nascimento Pele, 1940~2022의
말이다.

The indispensable
first step to getting the
things you want out of
life is this: Decide what
you want(인생에서 성공하기 위
해 꼭 필요한 첫 번째 단계는 자신
이 원하는 것을 스스로 결정하는 것이다). 미국 배우이자 작가인 벤 스타인
Ben Stein, 1944~의 말이다.

Success is a lousy teacher. It seduces smart people
into thinking they can't lose(성공은 고약한 스승이다. 똑똑한 사람들
조차 자신은 패배할 수 없다는 믿음을 갖게끔 유혹하니 말이다). 마이크로소
프트 창업자 빌 게이츠Bill Gates, 1955~의 말이다.

Part of the reason I'm successful is because I'm a
good businesswoman, but I don't think it necessary for
people to know that(나의 성공엔 내가 뛰어난 사업가라는 점이 적잖이
작용했지만, 대중이 그걸 알아야 할 이유는 없다). 가수일 뿐만 아니라 탁월
한 사업가로도 유명한 마돈나Madonna, 1958~의 말이다. 미국『워킹우
먼』은 1991년 마돈나의 사업 수완에 대해 다음과 같이 말했다.

"마돈나가 소속된 워너브로 레코드사의 한 매니저는 '유행 정보를 흡수해 이를 상품화하는데는 마돈나를 따를 사람이 없다'며 그의 인기 사업술을 높이 평가한다. 특히 사업적 일을 할 때 마돈나는 옆구리에 자료를 챙겨 들고 철저히 사무적인 모습으로 변신한다. 호텔에 묵을 때는 세탁비가 비싸다고 자신이 직접 빨래를 하고, 호텔비는 잔돈까지 챙겨 치를 정도로 그는 철저히 경제적이다. 정식 고용인은 2명만 두고 매스컴 홍보 등에는 파트 타임으로 일하는 사람을 십분 활용하는 게 그의 사업 스타일. 마돈나와 같이 일하는 사람들은 '혹사'당한다고 불평하면서도 그의 저돌적인 추진력에 모두 감탄한다."[56]

　Success doesn't necessarily come from breakthrough innovation but from flawless execution(성공은 반드시 획기적인 혁신에서 오는 것은 아니다. 성공은 완벽한 실행에서 온다).[57] 인도계 미국 기업가 나빈 자인Naveen Jain, 1959~의 말이다.

　Success is a product of deep concentration and repetitive learning(성공은 무서운 집중력과 반복적 학습의 산물이다). 미국 작가 맬컴 글래드웰Malcolm Gladwell, 1963~의 말이다. 그는 더 큰 맥락에서 성공에 대해 이런 의미심장한 결론을 내렸다. Successful people don't do it alone. They are products of particular places and environments(혼자서 성공하는 사람은 없다. 그들의 성공은 특정한 장소와 환경의 산물이다).[58]

이전보다
더 낫게
실패하라

우리는 fail이라고 하면 곧장 '실패하다'를 연상하지만, fail엔 '저버리다, 실망시키다, 기대에 어긋나다'는 뜻도 있다. 예컨대, 다음과 같은 식으로 말이다. Do not fail me in need(곤경에 처했을 때 힘이 되어주시오). His friends failed him(그의 친구들은 그를 저버렸다).[59] 이렇게 쓰이기도 한다는 걸 놓치면 엉뚱한 오역을 하기 쉽다. 소설가이자 번역 전문가인 안정효는 『안정효의 오역 사전』(2013)에서 미국 영화 〈719호의 손님들Plaza Suite〉(1971)에서 일어난 오역을 다음과 같이 지적한다. 부부 사이에서 이루어진 대화다.

Where did we fail her(우린 망했어)?
Don't say that, Roy, we didn't fail her(그런 소리 말아요. 우린 망하지 않았어요).

안정효는 다음과 같이 하는 게 올바른 번역이라고 말한다.

Where did we fail her(우리가 딸한테 (지금까지 키워오면서) 뭘 부족하게 했단 말이야)?
Don't say that, Roy, we didn't fail her(우린 그 애한테 잘못한 거 없으니까, 로이, 그런 소리 하지 말아요).[60]

constructive failure(건설적 실패)는 실패에서 교훈을 찾아 다음번의 성공에 이용하는 걸 말한다. 미국의 벤처 캐피털리스트인 랜디 코미사Randy Komisar는 실리콘밸리 같은 곳의 기업가를 특별하게 만드는 요인은 그들의 성공이 아니라 그들이 실패를 다루는 방식이라고 말한다. '건설적 실패'에 대한 높은 평가와 큰 이해야말로 실리콘

밸리 기업가들의 힘을 북돋워주는 문화라는 것이다.[61]

failure tolerance(실패 내성)는 실패를 견디고 일어서는 힘을 말한다. "안정적이고 높은 자존감을 가진 사람들은 실패 내성도 안정적이고 높다. 실패에 걸려 넘어지기보다는 실패를 발판 삼아 더 높이 뛰어오를 기회를 찾을 줄 안다. 반면에 불안정하고 낮은 자존감을 가진 사람들은 작은 실패에도 세상 모든 것이 무너진 듯한 반응을 보인다."[62]

The only thing ever achieved in life without effort is failure(인생에서 노력 없이 얻어지는 유일한 한 가지는 실패다).[63] 이탈리아의 로마 가톨릭교회 수사이자 저명한 설교가인 아시시의 성 프란치스코St. Francis of Assisi, 1181?~1226의 말이다.

A man can fall many times, but he isn't a failure until he begins to blame somebody else(여러 번 쓰러진 사람일지라도 남 탓을 하지 않는 한 아직 실패자가 아니다).[64] 미국의 자연주의자 존 버로스John Burroughs, 1837~1921의 말이다.

Develop success from failure. Frustration and failure are the two surest stepping stones to success(실패에서 성공

을 발전시켜라. 좌절과 실패는 성공으로 가는 두 가지의 가장 확실한 디딤돌이다).[65] 미국의 자기계발 전문가 데일 카네기Dale Carnegie, 1888~1955의 말이다.

　　If any blame or fault attaches to the attempt it is mine alone(누군가 이번 시도의 책임을 져야 한다면 온전히 나 혼자만의 것이다). 1944년 6월 6일 제2차 세계대전의 판도를 바꿔놓은 프랑스 노르망디 상륙 작전이 전개되었다. 미국, 영국, 캐나다 등에서 16만 명의 연합군이 참가한 인류 최대의 작전이었다. 연합군 총사령관인 드와이트 아이젠하워Dwight D. Eisenhower, 1890~1969는 작전 전날 저녁 메모지를 꺼내 'In Case of Failure Letter(실패의 경우 편지)'를 썼다. 작전이 실패로 끝났을 경우를 가정해 이와 같이 쓴 것이다. 작전이 성공으로 끝나면서 편지는 영영 빛을 보지 못할 뻔했다. 나중에 편지를 발견

한 아이젠하워는 구겨버리려고 했지만 그 내용을 본 보좌관이 감동을 받아서 보관한 덕분에 세상에 알려졌다.[66]

Fail. Fail again. Fail better(실패하라. 또 실패하라. 더 낫게 실패하라).[67] 아일랜드 극작가 사뮈엘 베케트Samuel Beckett, 1906~1989가 책상 앞에 붙여둔 글귀다.

We fail forward to success(실패하는 것은 곧 성공으로 한 발짝 더 나아가는 것이다).[68] 미국 화장품 사업가 메리 케이 애시Mary Kay Ash, 1918~2001의 말이다.

Failure is the condiment that gives success its flavor(실패는 성공에 풍미를 주는 양념이다).[69] 미국 소설가 트루먼 카포티Truman Capote, 1924~1984의 말이다.

Only those who dare to fail greatly can ever achieve greatly(크게 실패할 용기를 가진 자만이 크게 성취할 수 있다).[70] 미국 정치인 로버트 케네디Robert F. Kennedy, 1926~1968의 말이다.

You may be disappointed if you fail, but you are doomed if you do not try(실패하면 실망할지도 모르지만, 시도조차

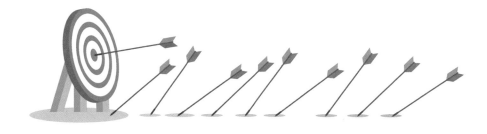

하지 않으면 죽은 몸이나 마찬가지다).[71] 미국 성악가 비벌리 실스Beverly Sills, 1929~2007의 말이다.

Don't let failure get you down. Babe Ruth struck out 1,300 times(실패했다고 주저앉지 마라. 베이브 루스는 1,300번이나 스트라이크 아웃을 당했다).[72] 미국의 풋볼 코치 루 홀츠Lou Holtz, 1937~의 말이다. 베이브 루스Babe Ruth, 1895~1948는 통산 714홈런으로 홈런왕으로 불린 미국의 전설적인 야구 선수다.

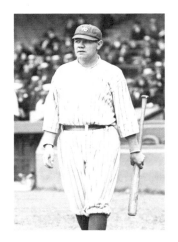

One of the great American liberties is the right to fail(위대한 미국적 자유 가운데 하나는 경제적으로 실패할 권리다).[73] 미국 트럭운송업협회 회장 토머스 도너휴Thomas J. Donohue, 1938~가 1991년에 한 말이다.

Fear of failure must never be a reason not to try something(실패에 대한 두려움이 어떤 일을 시도하지 않는 이유가 되어선 안 된다).[74] 미국 페덱스FedEx의 최고경영자 프레더릭 스미스Frederick Smith, 1944~의 말이다.

There is no failure. Only feedback(실패란 없다. 피드백만 있을 뿐이다).[75] 미국 작가 로버트 앨런Robert G. Allen, 1948~의 말이다.

Do not be embarrassed by your failures, learn from them and start again(실패에 부끄러워하지 말고 실패에서 배우고 다시

시작하라).[76] 영국 버진그룹 회장 리처드 브랜슨Richard Branson, 1950~의 말이다.

It's fine to celebrate success, but it is more important to heed the lessons of failure(성공을 축하하는 것도 좋지만 실패의 교훈에 귀를 기울이는 것이 더 중요하다).[77] 마이크로소프트 창업자 빌 게이츠Bill Gates, 1955~의 말이다.

I've missed more than 9000 shots in my career. I've lost almost 300 games. 26 times, I've been trusted to take the game-winning shot and missed. I've failed over and over and over again in my life. And that is why I succeed(나는 선수 생활 동안 9,000개 이상의 슛을 놓쳤다. 거의 300경기를 졌다. 26번은 승부를 결정짓는 슛을 던질 수 있다고 믿었다가 놓쳤다. 제 인생에서 실패를 거듭하고 또 거듭했다. 그래서 성공할 수 있었다).[78] 미국 농구 선수 마이클 조던Michael Jordan, 1963~의 말이다.

Failure is an option here. If things are not failing, you are not innovating enough(여기서는 실패가 하나의 선택일 뿐이다. 실패가 일어나지 않는다면 아직 혁신이 충분하지 않은 것이다).[79] 테슬라 CEO 일론 머스크Elon R. Musk, 1971~의 말이다.

제3장

사
랑
·
결
혼
·
죽
음

완벽한 사랑에 대한
환상은 불행을
가져온다

Love is patient, love is kind(사랑은 오래 참고 사랑은 온유하며). 『신약성서』「고린도전서」제13장 제4~7절에 나오는 그 유명한 '사랑의 명언'의 시작이다. 전문은 다음과 같다.

It does not envy, it does not boast, it is not proud. It is not rude, it is not self-seeking, it is not easily angered, it keeps no record of wrongs. Love does not delight in evil but rejoices with the truth. It always protects, always trusts, always hopes, always perseveres(사랑은 오래 참고 사랑은 온유하며 투기하는 자가 되지 아니하며 사랑은 자랑하지 아니하며 교만하지 아니하며 무례히 행치 아니하며 자기의 이익을 구하지 아니하며 성내지 아니하며 악한 것을 생각지 아니하며 불의를 기뻐하지 아니하며 진리와 함께 기뻐하고 모든 것을 참으며 모든 것을 믿으며 모든 것을 바라며 모든 것을 견디느니라).

　　The reduction of the universe to the compass of a single being, and the extension of a single being until it reaches God-that is love(우주를 한 사람으로 축소하고 그 존재를 다시 신으로 확대하는 것, 그것이 사랑이다).[1] 프랑스 작가 빅토르 위고Victor Hugo, 1802~1885의 말이다.

　　Don't forget to love yourself(당신 자신을 사랑하는 것을 잊지 마라).[2] 덴마크 철학자 쇠렌 키르케고르Soören Aabye Kierkegaard, 1813~1855의 말이다.

　　Whoever loves becomes humble. Those who love have, so to speak, pawned a part of their narcissism(누구든지 사랑을 하게 되면 겸손하게 된다. 사랑을 하는 사람들은, 말하자면, 자아도취증의 일부분을 저당잡힌 것이다).[3] 정신분석의 창시자인 오스트리아 정신병리학자 지그문트 프로이트Sigmund Freud, 1856~1939의 말이다.

I have found it impossible to carry the heavy burden of responsibility……without the help and support of the woman I love(사랑하는 여인

의 도움과 지지 없이는 무거운 책임을 이행해나가기가 나로서는 불가능함을 깨달았습니다). 영국 국왕 에드워드 8세Edward VIII, 1894~1972가 왕위에 오른 지 1년도 채 안 된 1936년 12월 라디오방송을 통해서 한 퇴위 선언이다. 문제의 여인은 미국 출신의 평민 월리스 심프슨 Wallis Simpson, 1896~1986이었다. 당시 영국 총리 스탠리 볼드윈Stanley Baldwin, 1867~1947

이 "이혼을 2번이나 한 이혼녀와 결혼하면서 왕위를 지킬 수는 없다. 왕위를 포기하거나 결혼을 포기하거나 둘 중 하나를 골라라. 둘 다 포기하지 않겠다면 내각이 총 사퇴를 하는 수밖에 없다"고 최후통첩을 함에 따라 이루어진 결정이었다.[4]

There is hardly any activity, any enterprise, which is started with such tremendous hopes and expectations, and yet, which fails so regularly, as love(사랑처럼 엄청난 희망과 기대 속에서 시작되었다가 반드시 실패로 끝나고 마는 활동이나 사업은 찾

아보기 어려울 것이다).[5] 유대인으로 독일계 미국 철학자인 에리히 프롬 Erich Fromm, 1900~1980의 말이다.

Perfect love is rare indeed-for to be a lover will require that you continually have the subtlety of the very wise, the flexibility of the child, the sensitivity of the artist, the understanding of the philosopher, the acceptance of the saint, the tolerance of the scholar and the fortitude of the certain(완벽한 사랑은 매우 드물다. 연인이 되기 위해서는 끊임없이 현자의 불가사의, 어린아이의 유연성, 예술가의 감수성, 철학자의 이해력, 성자의 포용력, 학자의 참을성, 종교인의 흔들리지 않는 마음이 있어야 하기 때문이다). 미국 작가 레오 버스카글리아Leo Buscaglia, 1924~1998의 말이다.

이 말에 대해 미국 긍정심리학자 탈 벤-샤하르Tal Ben-Shahar, 1970~는 『완벽의 추구The Pursuit of Perfect』(2009)에서 "So beautiful -and so harmful(매우 아름답지만 매우 해로운 글이다)!"이라고 단언한다. 완벽한 사랑은 드문 것이 아니라 아예 존재하지 않는데, 존재한다는 환상에 빠지면 다음과 같은 세 가지 불행한 결과가 나타날 수 있기 때문이라는 것이다.

First, it may prevent us from ever finding a romantic partner, because we will always be waiting for that perfect person who has the flexibility of a child, the sensitivity of an artist, and so on. Second, we may decide to enter a relationship with a partner who does not have the qualities of a saint or philosopher, with the feeling that we have compromised, while continuing to seek, consciously or not, that perfect person. Finally, we may believe that we have found the perfect partner, only to feel profound disappointment and frustration when we discover our partner's flaws, we we inevitably will(첫째, 어린아이의 유연성과 예술가의 감수성 등 모든 것을 가진 완벽한 사람을 기다리다가 영원히 사랑하는 사람을 만나지 못할 수 있다. 둘째, 성자나 철학자의 자질을 갖추지 못한 사람과 만나는 것을 부끄럽게 생각하고, 계속해서 의식적으로나 무의식적으로 완벽한 사람을 찾을 수 있다. 마지막으로 완벽한 연인을 찾았다고 생각했으나 조만간 그에게서 결점을 발견하여 크게 실망하고 좌절할 것이다).[6]

This is what too much love can do(사랑이 넘쳐서 일어난 일이다). 이탈리아 총리 실비오 베를루스코니Silvio Berlusconi, 1936~2023가 2008년 미국 백악관의 국민 만찬장에서 한 말이다. 베를루스코니는 다른 유럽 국가들이 주저할 때 이라크와 아프가니스탄 전쟁에 대규모 병력을 파견했는데, 미국 대통령 조지 W. 부시George W. Bush, 1946~는 이에 대한 보답으로 자신의 퇴임 전 마지막 국빈 만찬의 주인공으로 베를루스코니를 택했다. 그런데 베를루스코니는 자신이 부시와 친한 사이임을 과시하기 위해 포옹하려고 달려들다가 연설대를 부수는 사고를 냈다. 부서진 연설대를 들고 "이건 사랑이 넘쳐서 일어난 일"이라고 변명

하는 베를루스코니의 사진이 미국 언론을 도배했고, 이탈리아에서는 "나라 망신"이라는 비판이 뒤따랐다.[7]

Perhaps love is like the ocean/Full of conflict, full of pain/Like a fire when it's cold outside/Thunder when it rains/If I should live forever and all my dreams come true/My memories of love will be of you(사랑이란 넓디넓은 바다와 같아서/어떤 시련과 고통이 닥치더라도/구름이 끼거나 폭풍이 몰아쳐도/내가 영원히 살고 내 모든 꿈이 이루어

진다면/내 사랑의 기억은 당신에 대한 기억일 것입니다).[8] 스페인의 오페라 가수, 성악가이자 지휘자인 플라시도 도밍고Placido Domingo, 1941~ 가 1981년에 내놓은 크로스오버 Crossover 앨범의 메인 수록곡이다. 〈Perhaps Love〉다.

Don't blame me, love made me crazy/If it doesn't, you ain't doin' it right(나를 비난하지 마, 사랑이 나를 미치게 한 거야/미치지 않았다면, 제대로 사랑하지 않은 거야). 미국의 여성 싱어송라이터 테일러 스위프트Taylor Swift, 1989~의 〈Don't Blame Me〉(2017)다. 2023년 3월부터 시작한 테일러의 월드 투어는 대성공을 거두었다. 『월스트리트저널』은 그녀의 공연이 열리는 도시에서는 식당과 호텔 수요가 코로나19 이전 수준까지 전부 회복되었다며 이를 '테일러노믹스Taylornomics'라고 표현했다.[9]

결혼이
불평등을
키운다

marry up은 "결혼을 잘해서 신분 상승을 하다, 시집·장가를 잘 가다, 과분한 상대와 결혼하다"는 뜻이다. 반대로 marry down은 "학력이나 사회적 위치 등이 자신보다 낮은 상대와 결혼하다"는 뜻이다. 과거엔 왕족 계급과 신분이 낮은 계급 간의 결혼을 가리켜 a morganatic(=left-handed) marriage라고 했다. 사자성어로 말하자면, 귀천상혼貴賤相婚이다. marry up은 비유적으로 서로에게 유익한 방식으로 2개의 다른 것이나 성분들을 함께 통합하는 것을 가리키거나 "부합하다, 일치하다"의 의미로도 쓰인다.

He always jokes when he's out with his wife that he married up(그는 아내와 외출을 하면 자기는 결혼으로 신분 상승했다고 항상 농담을 한다). This merger will marry up the strengths of both our companies, providing an even better experience

to our customers(이 합병
은 우리 두 회사의 장점들을 종합하
여 우리 고객들에게 더욱더 좋은 경
험을 제공한다). The reactor
did not marry up to his
expectations(그 원자로는 그의
기대에 미치지 못했다).[10]

　2022년 5월 21일 미국
대통령 조 바이든Joe Biden, 1942~
이 서울 용산 국립중앙박물관에
서 열린 환영 만찬에 앞서 대통령 윤석열 부부와 인사를 나누는 자리
에서 "미국에는 이런 말이 있는데, 윤 대통령과 저는 'married up'
한 남자들이다"고 인사하며 웃었다고 언론에 보도되었다. 이 표현에
대해 대통령실 관계자는 "보통 남자들이 자신을 낮추면서 부인을 높
이는 표현"이라며 "남자보다 훨씬 훌륭한 여성을 만나 결혼했다는,
유머러스한 의미"라고 설명했다.[11]

　　하지만 김대균어학원 원장 김대균은 10여 일 후 문제의 영상을
찾아서 여러 번 돌려서 보았지만,
바이든의 마스크를 쓴 작은 목소
리에서 'We both married up'
은 들리지 않았으며, 아무리 들어
도 'We married ~station'으로
들렸다고 밝혔다. 그가 확인한 실
제 원문은 더 품격 있는 표현으로,

"We both married way above our station(우리 둘은 우리 본래 신분보다 훨씬 더 높은 사람과 결혼했네요)"이었다고 한다. 김대균의 설명은 이렇다.

"이 문장에서 station=my plane of existence(나의 존재 지위)를 의미한다. 여기서 plane=level의 의미이다. above station=higher plane of existence(높은 존재 지위)를 가리키므로 married up이 비슷한 표현으로 이해가 된다.……이 문장에서 way도 어려운 단어이다! way는 부사로 아득히, 매우라는 의미가 된다! (ex) Mr. Kim sat way in the back row(김씨는 저기 저 맨 뒷줄에 앉아 있었다)."[12]

불평등 완화라고 하는 점에선 marry up과 marry down은 바람직한 현상이지만, 결혼은 전반적으로 불평등을 키우는 이유가 되고 있다. 결혼한 사람들과 독신으로 사는 사람들 사이에서 나타나는 정치경제적 불평등을 가리켜 '결혼 격차marriage gap'라고 하는데, 연구에 따르면 한 부모 가구에 해당하는 사람들이 빈곤할 확률이 가장 높았다. 게다가 '동류교배assortive mating', 즉 고학력자끼리 결혼해 고소득을 올리는 경향으로 인해 결혼이 소득 불평등의 주요 요인이 되고 있는 것으로 나타났다.[13] 결혼에 관한 이런저런 명언들을 감상해보자.

Wives are young men's mistresses, companions for middle age, and old men's nurses(아내는 젊은 남자에겐 연인, 중년 남자에겐 반려자, 노인에겐 간호사다).[14] 영국 철학자 프랜시스 베이컨 Francis Bacon, 1561~1626의 말이다.

Well-married, a man is winged; ill-matched, he is shackled(남자는 결혼을 잘하면 날개를 얻고 잘 못하면 족쇄를 찬다).[15]

미국의 목사이자 노예 폐지 운동가였던 헨리 워드 비처Henry Ward Beecher, 1813~1887의 말이다.

When I was young, if a girl married poverty, she became a drudge; if she married wealth, she became a doll(내가 젊었을 땐 여자가 가난한 사람과 결혼하면 단순 노동자, 부자와 결혼하면 인형이 되었다).[16] 미국의 여성 참정권, 노예제도 폐지 운동가인 수전 B. 앤서니Susan B. Anthony, 1820~1906의 말이다. 앤서니는 여성으로는 처음으로 미국 대통령 선거 투표를 했고, 이로 인해 이후 100달러의 벌금을 물게 된다.

The dread of loneliness is greater than the fear of bondage, so we get married(외로움의 두려움이 속박의 두려움보다 크기 때문에 결혼을 한다).[17] 영국 문학비평가 시릴 코널리Cyril V. Connolly, 1903~1974의 말이다.

Too often a good marriage is taken for granted rather than given the nurturing and respect it deserves and desperately needs(성공적인 결혼은 당연히 따라야 하고 절실히 필요로 하는 배려와 존중이 있어야 가능하건만 너무도 자주 당연한 것으로 여겨지고 있다).[18] 미국 심리학자 존 고트먼John M. Gottman, 1942~이 작가 낸 실버Nan Silver와 같이 쓴 『행복한 결혼을 위한 7원칙The Seven

Principles for Making Marriage Work』(1999)에서 한 말이다.

　지난 40년간의 통계를 살펴보자면, 미국인들의 첫 번째 결혼이 이혼으로 끝나는 건 전체의 67퍼센트, 두 번째 결혼이 이혼으로 끝나는 건 전체의 77퍼센트였다. 공들여 가꾸고 키워야 할 것을 당연한 것으로 간주한 결과다. 어찌 결혼뿐이랴. 모든 행복이 다 그런 게 아닐까? 인간세계에서 저절로 생겨나거나 자라나는 건 아무것도 없는 법이다.

　Despite what many therapists will tell you, you don't have to resolve your major marital conflicts for your marriage thrive(많은 전문가의 주장과는 달리, 성공적인 결혼생활을 위해 두 사람 사이의 주요 갈등을 해결하고 넘어갈 필요는 없다).[19] 존 고트먼과 낸 실버의 주장이다. 아니 이게 무슨 말인가? 갈등은 해결해야 하는 게 아닌가? 바로 거기에 함정이 있다는 게 이 주장의 요지다. 서로 크게 다른 성격에서 비롯된 갈등이라면 그걸 무슨 수로 해결할 수 있단 말인가? 오히려 갈등을 해결하려는 시도가 역효과를 낳을 수 있다. 차이를 그냥 인정하고 들어가는 게 훨씬 더 나은 해법일 수 있다는 것이다.

I thought he was someone who was interested in politics and that he would be someone I wouldn't be interested in because I was so uninterested in politics at that time(나는 그가 정치에 관심이 있는 사람이며, 따라서 내가 관심을 가질 만한 사람이 아니라고 생각했다. 당시 나는 정치에 워낙 관심이 없었기 때문이다).[20] 미국 제43대 대통령 조지 W.

부시George W. Bush, 1946~의 부인인 로라 부시Laura Bush, 1946~가 처녀 시절 같은 동네에 살던 조지 W. 부시를 소개해주려는 친구들의 시도를 번번이 거절한 이유에 대해 한 말이다. 결국 두 사람은 1977년 한 바비큐 파티에서 자연스럽게 만나 인사를 주고받으면서 연애를 하기 시작해 바로 그해 11월에 결혼했다. 1946년생으로 동갑내기인 두 사람 모두 31세 때였다.

We wanted to get married, and so we just thought, Let's go there(우리는 결혼하고 싶었기에 그곳으로 가자고 생각했을 뿐이다). 2009년 1월 6세의 독일 소녀 애너벨Anna-Bell이 5세의 남자 친구와 아프리카로 사랑의 도피를 하려다 그녀 집 근처의 기차역에서 경찰에 발견되어 집으로 돌려보내지게 되자 한 말이다.

dead

사랑을
두려워하면
거의 죽은 상태다

dead(죽은)가 부사로 쓰이면 '완전히, 절대로, 전적으로'란 뜻이다. be dead right는 '절대로 옳다', be dead tired는 '녹초가 되다' 란 뜻이다. The sea was dead calm(바다는 아주 잔잔했다). She was dead in love with him(그녀는 그에게 홀딱 반해 있었다). We're dead serious about this(우리는 이 문제에 관해 정말로 진지하다).[21]

The outrage over helping working people with student loans is just simply wrong. Dead wrong(학자금 대출 문제를 가진 근로자들을 돕는 계획에 분노하는 것은 잘못된 일이다. 정말 잘못된 일이다). 미국 대통령 조 바이든Joe Biden, 1942~이 2022년 8월 학자금을 대출받아 대학을 다닌 젊은이들의 부채를 1인당 2만 달러까지 감면시켜주는 계획에 대해 뜨거운 논란이 벌어지자 한 말이다.[22]

dead beat는 "[형용사] (명사 앞에는 안 씀) (비격식) 피곤해 죽을 지경인", deadbeat는 "(특히 미국) 게으름뱅이; 사회의 낙오자, 빚[부채]을 떼어먹으려는 사람[회사], 자녀를 돌보지 않는[자녀 양육비를 대지 않는] 아비"를 뜻한다. 미국에선 이혼한 남성의 거의 3분의 2가 자녀에게 경제적 도움을 전혀 주지 않는다고 하는데, 그렇게 자녀를 재정적으로나 정서적으로 뒷바라지하지 않는 아버지를 가리켜 deadbeat dad라고 한다.[23]

You look dead beat(너 피곤해 죽겠는 모양이구나).[24] 10여 년 전 미국의 일부 주에서 주 의원들이 사무실 임대료를 내지 못해 쫓겨나고, 경찰이 연료비가 없어 순찰을 돌지 못하는 사태가 벌어지자, 이를 보도한 CBS의 〈60 Minutes〉는 주들이 "볼 장 다 본 끝장난 상태 the state's a deadbeat"라고 했다.[25]

dead-end는 '앞이 막힌, 막다른', a dead-end road는 '막다른 골목', a dead-end policy는 '궁색한 정책'이란 뜻이다. a dead-end job은 '막다른 일자리, 더이상 갈 곳이 없는 일자리'라는 뜻이다. 처우가 너무 낮아 더 낮아질 수 없다는 의미이기도 하고, 여기서 하는 일을 통해 성장해 도약할 곳이 없다는 의미이기도 하다.[26] 미국 극작가 시드니 킹즐리Sidney Kingsley, 1906~1995의 희곡『막다른 골목Dead End』(1935)의 영향으로 인해 dead-end엔 '빈민가의, 밑바닥 생활의'란 뜻도 있다.[27]

dead end는 '막힌 곳, 막다른 골목', a dead end beyond which no one can go는 '아무도 그 이상으로는 나아갈 수 없는 막다른 곳'이란 뜻이다. The road made a dead end(그 길은 앞이 막혀 있었다). His theory led him to a dead end(그는 자기 이론 때문에 궁지에 빠졌다).[28]

a dead heat는 '무승부'다. 여기서 heat는 '열, 더위'라는 뜻이 아니라 "(운동경기 예선의) 1회, (경기 등의) 1라운드(이닝, 회)"를 말한다. 그래서 preliminary(trial) heats는 예선, the final heat는 결승전을 뜻한다. 그런데 옛날 모든 형식의 경마에선(오늘날엔 trotting racing에서만) 말들이 같은 코스를 여러 번 달려 3판 2승 또는 5판 3승제로 승부를 결정지었는데, 이때에 한 번 달리는 걸 가리켜 heat라고 했다. 두 말이 한 번의 heat에서 무승부를 기록했다면, 이 히트는 계산에 들어가지 않는 '죽은dead' 것이 된다. 이게 바로 dead heat다. 오늘날엔 그 어떤 경기에서 무승부는 모두 dead heat라고 한다.[29]

　　dead pan은 '무표정한 얼굴, 포커페이스, 아무렇지도 않은 듯한 태도'를 말한다. pan은 '얼굴'의 속어다. deadpan face는 '가면과도 같은 얼굴', a deadpan style은 '담담한 문체', a deadpan comedy는 '무표정한 얼굴로 하는 희극'을 말한다.

　　dead set은 원래 사냥개가 사냥감을 노리는 부동자세를 가리키는데, 이것이 비유적으로 "끈기 있는 노력, 단호한"이란 뜻으로 쓰이게 되었다. 기계가 움직이지 않게끔 바닥에 꽉 고정시킨 데서 유래한 말이라는 설도 있다. 19세기 초부터 사용한 말이다. make a dead set at marrying a woman은 "여자에게 결혼해달라고 끈기 있게 구혼하다"는 뜻이다. He is dead set against it(그는 단호히 그것에 반대한다).[30]

　　dead zone은 '아무런 일이 일어나지 않는 장소나 그런 시기',

'(두 지역이나 단체 등의 사이를 갈라놓는) 중립 지역', '(신호가 잡히지 않아서) 휴대전화가 터지지 않는 지역', '(물속에 산소가 충분치 않아) 물고기가 살 수 없는 지역' 등 다양한 뜻을 갖고 있다.

To fear love is to fear life, and those who fear life are already three parts dead(사랑을 두려워하는 것은 삶을 두려워하는 것과 같으며, 삶을 두려워하는 사람은 거의 죽은 상태다).[31] 영국 철학자 버트런드 러셀Bertrand Russell, 1872~1970의 말이다. three parts는 '4분의 3, 거의'란 뜻이다.

영국의 극작가이자 시인 윌리엄 콩그리브William Congreve, 1670~1729는 "사랑이 변해서 생긴 증오처럼 맹렬한 것은 하늘 아래 없다"고 했고,[32] 오스트리아 정신병리학자 지그문트 프로이트Sigmund Freud, 1856~1939는 "사랑할 때처럼 고통에 무방비인 때는 없다"고 했다.[33] 그러니 사랑을 두려워하는 사람들이 있다고 해서 놀랄 일은 아니다.

그럼에도 프랑스 철학자 에마뉘엘 레비나스Emmanuel Levinas, 1906~1995는 "진정으로 인간적인 것은 사랑이며, 따라서 이 단어를 두려워하지 마라"고 말한다.[34] 어쩌겠는가? 사랑을 두려워하면 거의 죽은 상태라고 주장하는 사람도 있고 하니, 속는 줄 알면서도 또 속아보겠다고 나서는 수밖에 더 있겠는가?

가을은
떨어지는
계절이다

원래 가을은 영어로 'harvest'였는데, 작물을 거두는 '수확'이란 의미와 혼란을 겪게 되자 다른 명칭으로 대체하기 시작했다. autumn은 1300년대, fall은 1500년대에 등장했다. autumn은 라틴어에서 유래한 고대 프랑스어 autompne가 변형된 것이고, fall은 잎이 나무에서 떨어지는fall off trees 모습을 줄여 부른 데서 비롯되었다. 영국에선 autumn이 우세를 보였지만, 신생국 미국에선 fall이 우세를 보였다. 반드시 미국에선 fall, 영연방 국가들에선 autumn을 써야 하는 것은 아니다. 캐나다는 영연방 국가지만, 미국처럼 autumn보다 fall을 더 많이 사용한다. 다만, 좀더 격식을 차리고 싶다면 말하기나 글쓰기에 autumn을 사용하는 편이 낫다고 한다.[35]

〈Legends of the Fall〉이란 영화가 있다. 1994년 짐 해리슨Jim Harriosn의 원작 소설을 영화감독 에드워드 즈윅Edward Zwick이 영

화로 만든 것인데, 1995년 국내에서 개봉할 때엔 〈가을의 전설〉이란 제목으로 소개되었다. 이에 대해 서옥식은 "이 영화는 영화 초반에 낙엽이 떨어지는 장면이 나오지만 정작 '가을'과는 전혀 무관하다"며 다음과 같이 말한다.

"'The Fall'은 아담과 이브의 타락에서 비롯된 인간의 타락을 뜻한다. 따라서 '가을의 전설'은 '타락의 전설', '몰락의 전설'로 번역돼야 한다. '인터넷 무비 데이터베이스'에 들어가보면 'The title refers to the biblical fall from innocence(이 영화의 제목은 무죄로부터의 성서적인 타락을 언급하고 있다)'라는 글귀가 나온다."[36]

free fall(자유 낙하)은 중력에 의해 떨어지는 상태를 말하는데, 비유적으로 '가치의 급락'을 뜻하는 말로 쓰인다. Share prices have gone into free fall(주가가 급락세에 접어들었다). Things are not good. My business is in free-fall(상황이 좋지 않아. 사업이 많이 안 좋아지고 있어).[37]

　"If I am going to fall, I don't want to fall back on anything except my faith. I want to fall forward"(내가 넘어진다면 종교적 신념 외에는 기댈 곳이 없기를 바랍니다. 나는 앞으로 넘어지고 싶습니다). 미국 영화배우 덴절 워싱턴Denzel Washington, 1954~이 2011년 펜실베이니아대학 졸업식에서 한 'fall forward(앞으로 넘어져라)'라는 제목의 연설에서 한 말이다. 이에 대해 정미경은 "졸업식에서 넘어질 것을 권하는 연설은 흔치 않지만 반대 의미의 'fall back on(뒤로 넘어지다)'과 함께 묶어 생각하면 이해하기 쉽다"며 다음과 같이 말한다.

　"'fall back on'은 '힘든 상황에 대비해 안전판을 마련해두다'라는 뜻입니다. 미국 부모들은 무작정 꿈을 좇는 자녀에게 안정된 미래를 준비하라는 뜻에서 'you need something to fall back

on(뒤에 기댈 곳이 필요하다)'이라고 충고합니다. '앞으로 넘어져라'라는 워싱턴의 충고는 뒤에 안전판을 두면 앞을 향해 전력을 다하지 않을 가능성이 있다는 점을 염려한 것입니다. 뒤로 자빠져도 기댈 곳이 없다면 전진할 수밖에 없습니다. '실패를 두려워하지 말라'라는 메시지입니다."[38]

fall in love는 '사랑에 빠지다'인데, 사랑이 대중문화의 주요 주제이다 보니 '폴 인 러브'나 '폴링 인 러브'가 노래·영화 등의 제목으로 자주 쓰이고 있다. 미국 가수 행크 로클린Hank Locklin, 1918~2009의 1960년 히트곡 〈Please Help Me, I'm Falling(당신을 사랑하지 않게 제발 나를 도와주세요)〉의 가사를 감상해보자.

Please help me I'm fallin' in love with you/Close the door to temptation don't let me walk through/Turn away

from me darlin' I'm begging you to/Please help me I'm fallin' in love with you(제발 나를 도와주세요, 나는 당신을 향한 사랑에 빠지고 있어요/유혹의 문을 닫아요, 내가 걸어 지나가지 못하게 하세요/나에게서 돌아서서 멀리 가세요, 나는 당신에게 빌어요/제발 나를 도와주세요, 나는 당신을 향한 사랑에 빠지고 있어요).

falling in love와 관련된 가장 유명한 곡은 아마도 미국 가수 엘비스 프레슬리Elvis Presley, 1935~1977의 1961년 히트곡 〈Can't Help Falling In Love(사랑하지 않을 수 없어요)〉일 것이다.

Wise men say only fools rush in/But I can't help falling in love with you/Shall I stay? Would it be a sin?/If I can't help falling in love with you/Like a river flows surely to the sea/Darlin' so it goes/Somethings are meant to be/Take my hand, take my whole life too/For I can't help falling in love with you(현명한 사람들이 말하길, 바보들만이 서두른답니다/그러나 나는 당신을 사랑하지 않을 수 없어요/내가 남을까요? 그것이 죄가 되나요?/내가 당신을 사랑하지 않을 수 없다면/강물이 흘러 확실히 바다로 가듯이/그대여, 사랑은 그렇게 가지요/모든 것은 이미 운명적으로 정해진 대로에요/나의 손을 잡아요, 또한 나의 모든 삶을 가지세요/왜냐하면, 나는 당신을 사랑하지 않을 수 없어요).

당신은
나의
세계예요

Give me a lever long enough and a fulcrum strong enough, and single-handedly I will move the world(나에게 충분히 긴 지렛대와 단단한 지렛목을 주시오. 그러면 한 손으로 세상을 움직이겠소).[39] 고대 그리스 수학자 아르키메데스Archimedes, B.C.287~B.C.212의 말이다.

The world is a tragedy to those who feel, but a comedy to those who think(세상은 느끼는 사람에겐 비극이지만 생각하는 사람에겐 희극이다). 영국 작가 호러스 월폴Horace Walpole, 1717~1797의 말이다.

He that succeeds in the world loves it. He that fails in it hates it(이 세상에서 성공한 자는 세상을 사랑하고 실패한 자는 세상을 증오한다).[40] 미국 철학자 랠프 월도 에머슨Ralph Waldo Emerson, 1803~1882

의 말이다.

We read the world wrong
and say that it deceives us(우
리는 세상을 잘못 읽고선 세상이 우리
를 속였다고 말한다).[41] 인도 시인 라빈
드라나트 타고르Rabindranath Tagore,
1861~1941의 말이다.

The world is not growing
worse and it is not growing
better-it is just turning around
as usual(세상은 나빠지는 것도 아니고 좋아지는 것도 아니다. 늘 그랬던 것
처럼 돌고 돌 뿐이다). 미국의 유머 작가 핀리 피터 던Finley Peter Dunne,
1867~1936의 말이다.

The basic requirement for the understanding of the
politics of change is to recognize the world as it is(변화를
추구하는 정치를 이해하는 데 가장 중요한 것은 세상을 있는 그대로 인식하는
것이다). 미국의 급진적 빈민운동가이자 지역사회 운동가인 솔 알린스
키Saul Alinsky, 1909~1972가 1972년에 출간한 『급진주의자를 위한 규
칙Rules for Radicals』에서 한 말이다.

너무도 뻔한 말 같지만, 진보주의자들이 늘 실패하는 지점을 정
확히 지적한 것이다. 세상을 바꾸고자 하는 진보주의자들은 세상을
있는 그대로 보는 게 아니라 자기들이 원하는 방향으로 또는 세상이
어떠해야 한다는 당위적 관점에서 보는 경향이 있다. 조직 혁신을 꾀
하고자 하는 리더도 일단 조직을 있는 그대로 냉정하게 보는 게 필요

하다.

흥미롭게도 알린스키는 버락 오바마Barack Obama, 1961~와 힐러리 클린턴Hilary Clinton, 1947~에게도 큰 영향을 미쳤다. 오바마는 알린스키 이론에 따라 시카고에서 지역사회 운동을 벌여 자신의 정치적 발판을 마련했고, 힐러리는 웰즐리대학 졸업 논문을 '알린스키 모델'에 대해 썼다.[42]

Why does the sun go on shining/Why does the sea rush to shore/Don't they know it's the end of the world/Cause you don't love me any more/Why do the birds go on singing/Why do the stars glow above/Don't they know it's the end of the world/It ended when I lost your love/I wake up in the morning and I wonder/Why everything's the same as it was/I can't understand, no, I can't understand/How life goes on the way it does/Why does my heart go on beating/Why do these eyes of mine cry/Don't they know it's the end of the world/It ended when you said goodbye(왜, 태양은 계속해서 빛나고 있나요/왜, 바닷물은 해변가로 몰려오나요/그들은 이제 세상이 끝난 걸 모르나요/왜냐면, 당신이 나를 더이상 사랑하지 않아요/왜, 새들은 계속해서 지저귀나요/왜, 별들은 하늘에서 빛나고 있나요/그들은 이제 세상이 끝난 걸 모르나요/내가 당신의 사랑을 잃었을 때 이 세상은 끝이에요/나는 아침에 일어나서 의아해해요/왜 모든 게 전과 같이 똑같은가요/나는 이해할 수 없어요, 아니요 나는 이해 못해요/삶이 어떻게 그대로 지속되는가요/왜 나의 심장은 계속 뛰는가요/왜 나의 이 두 눈은 울고 있나요/그들은 이제 세상이 끝난 걸 모르나요/내가 당신의 사랑을 잃었을 때 이 세상은 끝이에요).

미국 여성 가수 스키터 데이비스 Skeeter Davis, 1931~2004의 1963년 히트곡 〈The End of the World(세상의 끝)〉다. the end of the world는 보통 어떤 사건이나 사고로 인해 세상이 끝난 것처럼 생각하는 사람을 위로할 때에 이런 방식으로 쓰인다. It's wouldn't be the end of the world(세상이 끝난 건 아니니 힘내).[43]

실연을 당한 사람은 한 번쯤 느껴보았음직한 생각이겠지만, 내 사랑이 끝났다고 해서 태양이 여전히 빛나고 밀물이 해변가로 밀려드는 걸 문제 삼다니 이만저만한 나르시시즘이 아니다. 냉정하게 말하자면 그렇긴 하지만, 사랑의 끝을 겪었던 사람들에게 물어보라. 사랑이 끝난 걸 안 순간, 세상이 너무도 평온하고 너무도 변함이 없는 것에 대해 그 어떤 의아함과 더불어 배신감을 느껴본 적이 없었단 말인가? 사랑의 나르시시즘은 용서받을 수 있는 나르시시즘이다.

You're my world, you're every breath I take/You're my world, you're every move I make/Other eyes see the stars up in the sky/But for me they shine within your eyes//As the trees reach for the sun above/So my arms reach out to you for love/With your hand resting in mine/I feel a power so divine//You're my world, you are my night and day/You're my world, you're every prayer I pray/If our love ceases to be/That is the end of my world for me(당신은 나의 세계예요, 당신은 내가 쉬는 모든 숨이에요/당신은 나의 세계예요, 당신은 나의 모든 움직임이에요/다른 사람들의 눈은 하늘 위에 별들을 보아요/하지만 내게는 별들이 당신의 눈 안에서 빛나는 거에요//나무가 하늘 위 태양을 향해 가지를 뻗치는 것과 같이/사랑을 위해 나의 팔을 당신에게 뻗쳐요/당신의 손이 내 안에 편히 쉬면서/나는 신성한 힘을 느껴요//당신은 나의 세계에요, 당신은 나의 낮과 밤이에요/당신은 나의 세계예요, 당신은 내가 하는 모든 기도에요/우리의 사랑이 끝난다면/그것은 나를 위한 나의 세상의 끝이에요).

호주 출신의 여성 가수 헬렌 레디 Helen Reddy, 1941~2020의 1977년 히트곡 〈You Are My World(당신은 나의 세계예요)〉다. 사랑 담론 특유의 과장법을

총집결시켜놓은 것 같은 느낌을 주는 가사지만, 자신이 그렇게 느낀다는 걸 어찌하랴.

사랑의 신비나 낭만성 예찬에 인색하거니와 사랑의 과장법에 냉소를 보내는 사람들은 사랑을 자꾸 '개인'에서 '공동체'로 끌고 가려고 한다. 예컨대, 이탈리아의 좌파 운동가인 안토니오 네그리 Antonio Negri, 1933~2023는 "사랑은 남녀 한 쌍이나 가족 속에 가두어지는 그 무엇일 수 없다. 그것은 더 넓은 공동체를 향해 열리는 그 무엇이어야만 한다"며 "나는, 사랑은 고유하고 사적인 것을 공동적인 것으로 변형시키기 위한 근본적 열쇠라고 생각한다"고 주장했다. 더할 나위 없이 아름다운 말이지만, 그렇게 공동체를 향해 열린 사랑에선 당신은 내가 쉬는 모든 숨이며 나의 세계라고 외치는 소리는 영원히 들을 수 없을 것이다.

제4장

두려움 · 배신 · 책임

fear

사랑보다는
두려움의 대상이 되는 게
안전하다

중세 종교재판에서 마녀의 자백을 받아내는 방법 중 하나는 마녀로
몰린 피의자를 고문하거나 공포에 떨게 하고, 심한 고통을 주며 괴롭
히고 난 후에 친절하게 대해주는 것이었다. 그러면 억울하게 마녀로
고발된 피의자는 멍하고 혼란스러워서 자백서에 서명하게 되는데,
이 자백서가 나중에 사형 선고를 내리는 데 결정적 증거로 사용되었
다. 이 수법은 오늘날에도 테러리스트나 험악한 깡패 같은 범죄자를
심문할 때에 사용되는데, 이를 가리켜 'principle of fear-then-
relief(공포 유발 후 안도감의 원칙)'라고 한다.[1]

    Since love and fear can hardly exist together, if we
must choose between them, it is far safer to be feared
than loved(사랑과 두려움은 함께 존재하기 어려운바, 두 가지 중에 하나
만 선택해야 한다면 사랑받는 것보다는 두려움의 대상이 되는 것이 훨씬 더 안

전하다). 이탈리아 정치가이자 사상가인 니콜로 마키아벨리Niccolò Machiavelli, 1469~1527의 말이다.

In politics, what begins in fear usually ends up in the folly(공포에서 출발한 정치는 어리석은 결과를 낳기 마련이다).[2] 영국 작가 새뮤얼 테일러 콜리지Samuel Taylor Coleridge, 1772~1834의 말이다.

Fear is the parent of cruelty(공포는 잔인함의 부모다).[3] 영국 역사가 제임스 프로드James A. Froude, 1818~1894의 말이다.

Keep your fears to yourself but share your courage(두려움은 숨기고 용기는 나눠라).[4] 스코틀랜드 출신의 소설가 로버트 루이스 스티븐슨Robert Louis Stevenson, 1850~1894의 말이다.

Fear is the main source of superstition, and one of the main sources of cruelty. To conquer fear is the beginning of wisdom(두려움은 미신의 주요 원천이며, 잔인함의 주요 원천 중 하나다. 두려움을 정복하는 것이 지혜의 시작이다).[5] 영국 철학자 버트런드 러셀Bertrand Russell, 1872~1970의 말이다.

Find out what a person fears most and that is where he will develop next(당신이 가장 두려워하는 것을 찾아라. 진정한 성장은 그 순간부터 시작된다).[6] 스위스 정신의학자 카를 구스타프 융Carl Gustav Jung, 1875~1961의 말이다.

A fool without fear is sometimes wiser than an angel

with fear(두려움 없는 바보가 때로는 두
려움에 떠는 천사보다 더 현명하다).[7] 미국
태생의 영국 정치인 낸시 애스터Nancy
Astor, 1879~1964의 말이다. 그는 영국 하
원의원의 자리에 앉은 최초의 여성이다.

Never let the fear of striking
out keep you from playing the
game(삼진아웃에 대한 두려움 때문에
게임을 그만둘 수는 없잖은가). 미국 야구 선수 베이브 루스Babe Ruth,
1895~1948의 말이다.

The mere possession of power does not inevitably
lead to aggression. It is when power is wedded to chronic
fear that it becomes formidable(단지 권력을 갖고 있다고 해서 공
격성을 보이게 되는 건 아니다. 권력은 만성적 공포와 결합할 때 무시무시해진
다). 미국 작가 에릭 호퍼Eric Hoffer, 1902~1983가 『열광적인 정신 상태
The Passionate State of Mind』(1955)에서 한 말이다.

People react to fear, not
love. They don't teach that
in Sunday school, but it's
true(사람들은 사랑이 아닌 공포
에 반응한다. 주일 학교에서는 그
것을 가르치지 않는다. 그러나 그것
은 사실이다).[9] 미국 제37대 대통령
리처드 닉슨Richard M. Nixon, 1913~1994

의 말이다.

Fear is the tax that conscience pays to guilt(두려움은 양심이 죄책감에 납부하는 세금이다).[10] 영국 배우 조지 시웰George Sewell, 1924~2007의 말이다.

Terrorism causes fear, and fear prevents people from thinking rationally(테러는 공포를 야기하고, 공포는 사람들이 이성적으로 생각하지 못하게 한다).[11] 미국 심리학자 필립 짐바르도Philip G. Zimbardo, 1933~의 말이다.

The scope of our health fears seems limitless. Besides worrying disproportionately about legitimate ailments and prematurely about would-be diseases, we continue to fret over already refuted dangers(건강에 대한 두려움은 끝이 없는 것 같다. 우리는 질병에 대해 근심하거나 걸리지도 않은 병을 미리 걱정하는 것도 모자라, 이미 해가 없다고 판정된 위험까지 끌어안고 안달복달한다).[12] 미국 사회학자 배리 글래스너Barry Glassner, 1952~가 『공포의 문화The Culture of Fear』(1999)에서 한 말이다.

How do we earn what we're worth in a world that still pays us seventy-eight cents to a man's earned dollar? The answer: fearlessness(남자가 1달러를 벌 때 여자는 78센트만 받는 세상에서 우리의 가치만큼 벌려면 어떻게 해야 하는가? 답은 바로 담대함이다).[13] 『허핑턴포스트』의 창립자인 아리아나 허핑턴Arianna Huffington, 1950~이 『담대하라, 나는 자유다On Becoming Fearless』(2006)에서 한 말이다. fearlessness는 fear가 없는 상태이니, "겁 없음, 대담무쌍" 이란 뜻이다.

Don't get FOMO. Get a ticket now!(소외되기 싫다면 지금 표를 사라!) 'FOMO'는 'Fear of Missing Out'의 약자로 자신만 세상의 흐름을 놓치고 있다는 불안감이나 두려움을 뜻한다. 우리말로는 '소외 공포증' 정도로 번역할 수 있겠다. 파티나 모임이 많은 미국에서는 초대받지 못하는 것에 대한 두려움을 'FOMO'라는 단어로 표현한다. 2000년대 중반 이후 미국 하버드대학과 영국 옥스퍼드대학 등에서 포모를 사회병리 현상의 하나로 연구하면서 '포모증후군 FOMO Syndrome'이란 용어가 나왔고, 사회관계망서비스SNS가 확산하면서 주목받기 시작했다. 미국에서는 성인 인구의 50퍼센트 이상이 포모증후군에 시달리고 있다는 조사 결과도 있다.[14]

fearbola(피어볼라)는 에볼라ebola와 공포fear를 합친 말로, '에

볼라 공포증'을 이른다. 2014년 3월 기니에서 처음 발견된 이후 서아프리카 국가들을 휩쓴 에볼라바이러스가 아프리카 대륙뿐 아니라 유럽과 미국에서도 발생해 에볼라 공포가 전 세계로 확산되었다. 특히 미국에서 그 공포가 심했다. 미국인 10명 중 4명(43퍼센트)은 자신이나 가족이 에볼라에 걸릴까 걱정할 정도였다. 2014년 10월 15일 대통령 버락 오바마Barack Obama, 1961~가 민주당 선거 지원 유세를 전격 취소하고 에볼라 대책 회의를 소집할 정도였다. 에볼라 사망자가 발생한 텍사스주 댈러스에선 사재기 때문에 살균제가 동이 났으며, 뉴욕 JFK공항엔 바이러스 감염을 우려해 바지와 셔츠 소매를 테이프로 붙이고 일하는 청소원이 등장했다.[15]

betray

배신의 상처는
동물과 자연을
사랑하게 만든다

Only trust thyself, and
another shall not betray
thee(오직 자신만 믿어라, 그래야
남한테 배신을 당하지 않는다). 미
국의 동북부에 있는 주州 이름인
Pennsylvania에 자신의 이름을
남긴 영국 귀족 윌리엄 펜William
Penn, 1644~1718의 말이다. 퀘이
커교로 개종한 펜은 1681년 영
국 왕 찰스 2세에게서 뉴욕과 메

릴랜드 사이의 넓은 땅을 하사받았다. 왕의 주장에 따라 그 지역은 해
군 제독이었던 펜의 아버지 이름을 따라서 펜실베이니아라고 불렀다.

Pennsylvania는 '펜의 숲이 있는 곳'이라는 뜻이다(sylvanus는 라틴어로 forest란 뜻이다).

1682년 아메리카대륙으로 건너온 펜은 펜실베이니아를 '거룩한 실험Holy Experiment'으로 간주했다. 그는 델라웨어강과 슈일킬 강 사이에 그리스어로 '형제애Brotherly Love'란 뜻을 가진 필라델피아 Philadelphia란 이름의 도시를 설계했다. 이 도시는 직사각형의 거리로 설계되었고, 이는 훗날 미국 여러 도시의 모형이 되었다.

이렇듯 펜은 큰 업적을 남겼지만, 그 자신의 삶은 험난했고 불행했다. 정치적 분쟁에 휘말려 반역죄를 뒤집어썼는가 하면, 한때 식민지 소유권을 잃었다가 1694년에 되찾기도 했다. 그는 생애 말기에 채무로 인해 영국 감옥에 갇혔고, 중풍을 맞아 반신불수가 되었으며, 1718년 궁핍한 가운데 죽었다. 그런 파란만장한 삶에서 인간에 대한 배신의 환멸도 느꼈기에 오직 자신만 믿으라는 말을 남겼을 게다.[16]

Betrayal happened in front of one's eyes hurts the most(눈앞에서 이루어진 배신이 가장 아프다).[17] 미국 심리학자 솔로몬 애시Solomon E. Asch, 1907~1996의 말이다.

To betray, you must first belong. I never belonged(배신하기 위해선 어디엔가 속해야 하는데 나는 속해본 적이 없다).[18] 영국과 소련의 이중간첩이었던 킴 필비Kim Philby, 1912~1988의 말이다.

Betrayal is the only truth

COBETCKИЙ РАЗВЕДЧИК

КИМ ФИЛБИ
1912—1988
5 ПОЧТА СССР 1990

that sticks(한 번 배신은 영원한 배신이다). 미국 극작가 아서 밀러Arthur Miller, 1915~2005의 말이다. 배신을 하면 과거에 잘했던 것조차 모두 잊힌다는 의미도 있다.

One should rather die than be betrayed. There is no deceit in death(배신을 당하느니 차라리 죽는 게 낫다. 죽고 나면 속임이 없기 때문이다).[19] 미국 극작가 스티븐 디츠Steven Deitz, 1958~의 말이다.

삼성그룹 회장 이건희는 1989년에 가진 한 인터뷰에서 "개 키우면서 얻은 철학 같은 게 있느냐"는 질문에 이런 답을 내놓았다. "개는 절대 거짓말 안 하죠. 배신할 줄도 모르죠."[20] 도대체 무슨 배신을 얼마나 당했길래 그렇게 말하는 걸까 하는 의아심이 들긴 하지만, 위로 높이 올라간 사람일수록 배신에 대한 방어기제가 발달했으리라는 건 미루어 짐작하기 어렵지 않다.

배신과 관련해 동물이나 자연의 이점을 지적한 건 오랜 역사를 자랑한다. 영국 시인 윌리엄 워즈워스William Wordsworth, 1770~1850는 "자연은 사랑하는 사람을 배신하지 않는다Nature never did betray

the heart that loved her"고 했고, 이탈리아의 영화배우 안나 마냐니Anna Magnani, 1908~1973는 "동물은 인간을 배신하지 않기 때문에 좋은 것이다Animals are good, better than humans really, animals do not betray you"고 했다.[21]

　　사랑의 배신은 어떨까? Betrayal can only happen if you love(사랑을 배신하는 것은 해도 괜찮다). A woman's best love letters are always written to the man she is betraying(여성의 최고 연애편지는 배신하는 남자에게 보내진다). Anyone who hasn't experienced the ecstasy of betrayal knows nothing about ecstasy at all(배신의 환희는 최고의 경험이다).[22] 미국 여배우 주디 홀리데이Judy Holliday, 1921~1965는 "애인은 당신을 배반할 권리가 있다. 친구는 그렇지 않지만Lovers have a right to betray you. Friends don't"이라고 주장했는데,[23] 과연 그런가?

　　영국 극작가 해럴드 핀터Harold Pinter, 1930~2008의 『배신Betrayal』(1978)은 '만인에 대한 만인의 배신'을 시사하는 작품이다. 유부남인 핀터는 유부녀인 BBC 뉴스 진행자 조앤 베이크웰Joan Bakewell, 1933~과 7년간에 걸쳐 불륜을 저질렀는데, 이게 바로 이 작품을 쓰게 된 계기가 되었다.[24] 다음과 같은 내용이다.

　　"결혼한 한 남자가 가장 친한 친구 부인과 비밀 정사를 가짐으로써 그 친구를 배신한다. 그 친구 부인은 남편에게 그 모든 사실을 말함으로써 그녀의 정부情婦를 배신한다. 그 남편은 이혼을 원할 때 아내에게 말하는 일련의 불륜 사실들로 아내를 배신한다. 그리고 이혼은 원만하게 해결된다. 그럼에도 불구하고 그 정부는 자신의 비밀이 탄로났기 때문에 배신감을 느끼고, 그 친구의 아내는 자신만큼 그

리고 기대했던 만큼 남편이 솔직하지 않았기 때문에 배신감을 느낀다. 이 작은 사회에서 배신은 증식된다. 그리고 그 인물들이 배신을 느낄 수 있을지라도, 우리는 그들이 배신을 느껴야 하는 이유와 만약 비난을 받는다면 누가 비난받아야 하는지를 말할 수 없다."[25]

"한 번의 배신은 상대방 탓이지만 두 번 당하면 자신을 탓하라If someone betrays you once, it's their fault; if they betray you twice, it's your fault"는 말이 있다.[26] 배신을 둘러싼 이해관계의 문제를 잘 꿰뚫어보고 대처하라는 현실적 조언이겠지만, 이건 남녀 관계에선 위험한 말일 수 있다. 배신의 상처로 인해 이성을 만나는 걸 두려워하거나 만나더라도 자기방어 차원에서 깊이 몰입하지 않는다면 이런 비극이 어디에 있겠는가 말이다.

nice

왜
"사람 좋으면 꼴찌"라고
하는가?

'Nice'의 라틴어 어원은 nescius(무지한)로, 부정적인 의미가 강했는데 중세기에 'shyness(수줍음)', 'reserve(신중함)'의 의미가 더해지면서 18세기에는 '나서지 않고 조용한' 성격을 이를 때 'nice'하다는 말을 쓰게 되었다. 세월이 흐르면서 '멍청한'이란 말이 '매우 좋은'으로 바뀐 것이다.[27]

2015년 미국 뉴욕주 최북단의 한 교도소에서 살인범 2명이 탈옥했는데, 이들이 'Have a nice day'라는 메시지를 남겨 당국자들을 더욱 화나게 했다. 이에 대해 임귀열은 "주차 위반 딱지를 받고 단속원에게 'Have a nice day'라고 말한다면 이는 작별 인사도 아니고 예의범절을 차리는 표현도 아니다. 우리말의 '잘 먹고 잘 사세요' 식의 반어적 표현이고 '엿 드세요'라고 말하는 격이다. 'Have a nice day'는 분명 작별 인사지만 역설적으로 비꼴 때 사용되는 경우도 많다. 즉,

'기분 나쁘다, 너 때문에 고생이다You got in my way, You have made me unhappy'의 상황에서 냉소적으로 말하는 것"이라며 다음과 같이 말했다.

　"영국에서는 이 표현이 주로 'Fuck you!' 'Drop dead'라는 부정적 의미로 쓰이는 반면 미국에서는 본래의 좋은 의미와 비꼬는 의미 두 가지로 쓰인다. 또한 이 표현은 good day나 great day 같은 말로 대신할 수 없고 오직 'Have a nice day'로 써야 한다. 맥도날드 등의 저임금 종업원들이 의무적으로 고객들에게 'Have a nice day'를 사용해야 할 때 비꼬는 억양으로 사용하기도 하며 비슷한 표현 'Missing you already!(벌써 보고 싶다가 아니라 어서 꺼져주세요)'도 용법과 의미는 같다."[28]

　Nice and easy! 좋기도 하고 쉽기도 하다는 이 말은 아주 좋다very nice고 강조하는 표현이다. 'Nice and~'를 응용한 문구는

Nice and warm, nice and clean, nice and beautiful, nice and slow, nice and dark, nice and ripe, nice and natural, nice and neat, nice and funny, nice and friendly, nice and smooth, nice and loose, nice and easy, nice and gentle, nice and mean 등 수백 개에 이른다.[29]

이에 대해 임귀열은 "Very로 nice만 강조할 수도 있지만, 'nice and~' 식으로 연결하면 서술식 표현뿐만 아니라 명령어도 될 수 있다. 특히 구어체에서 이 표현법은 하나의 trend처럼 흔히 쓰이고 있다.……마지막 형용사를 강조하는 형태로 쓰이는 이 어구들은 말할 때에도 리듬감을 주어 사용하기 좋다. 성격이 급한 사람에게 'Do it slowly'보다 'nice and slow'라고 말하면 천천히 하라는 의미와 함께 기왕이면 그것이 본인에게도 좋다는 의미도 준다"며 다음과 같이 말한다.

"사실 이런 표현법 뒤에는 '중심 사상central idea'이 있다. 유사한 말을 반복 사용하거나 나열함으로써 의미를 강조하는 것이다. 'quick and dirty'라는 최신 용어도 마찬가지다. '빠르고도 지저분한'의 뜻이 아니라 대충한다는 의미다. 일을 급하게 하다 보면 엉성해지기 마련이다.……택배 회사의 벽면에 'Nice and Slow'라고 쓰여진 표어는 '천천히slowly'를 강조하는 것에 그치지 않고 천천히 '제대로' 하자는 다짐이다. 두 개의 형용사를 하나의 어구로 조합했더니 각 단어가 지닌 의미 그 이상의 메시지가 생산된 셈이다."[30]

Nice guys finish last(사람 좋 으면 꼴찌). 20세기 중반 미국 메이저리 그 야구 감독인 레오 듀로서Leo Durocher, 1905~1991의 말이다. 이에 대해 미국 과학 저널리스트 톰 시그프리드Tom Siegfried, 1950~는 이렇게 말한다. "인간은 (적어도 대다수 인간은) 본능적으로 남을 도와주려 는 성향을 가지고 있다. 레오 듀로서가 뭐 라고 했건 간에, 사람 좋은 사람이 되면 무언가 생존에 유리한 점이 있는 게 틀림 없다."[31]

niceness는 "좋음, 괜찮음, 훌륭 함; 즐거움, 기분 좋음; 만족스러움; 매력 있음; 친절함, 다정함"이란 뜻으로 쓰인다. In some professions, niceness does not get you very far(어떤 직업에서는 사람이 좋으면 크게 성공하지 못해).

We must learn and then teach our children that niceness does not equal goodness(우리는 친절함과 선의가 늘 똑 같지 않다는 점을 배우고 또 그것을 아이들에게 가르쳐야 한다).[32] 미국 작가 개빈 드 베커Gavin de Becker, 1954~의 말이다.

It's nice to be nice, but it can be extremely draining and self-destructive when it mutes our voice, holds us back, and undermines our authenticity(남에게 잘해주는 것은 좋지만, 그로 인해 목소리가 줄어들고 움츠리게 되고 진실성이 해를 입는다면

그것은 자신을 파괴하는 행동이 된다).[33] 『허핑턴포스트』의 창립자인 아리아나 허핑턴Arianna Huffington, 1950~이 『담대하라, 나는 자유다On Becoming Fearless』(2006)에서 한 말이다.

'미안하다'가
가장 하기 힘든
말인 것 같아요

"Love means never having to say you're sorry(사랑은 결코 미안하다고 말하지 않는 것이다)." 미국 작가 에릭 시걸Erich Segal, 1937~2010의 소설 『러브 스토리Love Story』(1970)에 나오는 말이다.[34] 아마도 그런 이유 때문에 영국 가수 엘턴 존Elton John, 1947~은 1976년에 내놓은 〈Sorry Seems To Be the Hardest Word('미안하다'가 가장 하기 힘든 말인 것 같아요)〉라는 불멸의 히트곡에서 다음과 같이 노래하지 않았을까?

"What do I do to make you want me/What have I got to do to be heard/What do I say when it's all over/And sorry seems to be the hardest word(당신이 나를 원하게 하려면 내가 무엇을 해야 하나요?/내 말을 듣게 하려면 내가 무엇을 해야 하나요?/모든 게 끝났을 때 내가 무엇을 말해야 하나요?/'미안하다'는 말이 가장 하기 힘든

말인 것 같아요)."

　　남녀 관계나 잘 아는 사람들 사이에서 '미안하다'고 말하는 것
은 그렇듯 애틋하면서도 복잡미묘한 감정을 수반하기 마련이지만, 모
르는 사람들 사이에서 또는 공식적인 관계에서 사과는 매우 속물적이
고 정치적인 것이다. 어떤 일의 책임 소재를 따져야 하고, 그에 따른
배상 또는 보상의 문제가 있기 때문이다.

　　sorry가 나의 미안함을 솔직하게 드러내는 사과라면,
apology는 공식적인 자리에서 하는 사과다. apology의 동사형은
apologize(사과하다)다. 그런데 미국에서 대부분 기업의 고객 담당 부
서 직원들은 'Sorry'를 사용하지 말도록 교육받는다. 'I apologize',
'We apologize'보다 진정성이 떨어지기 때문이라고 한다. 사과를
하는 건 좋은 일이긴 하지만 미국에서 잘못을 사과하는 건 자신의 과
오나 죄를 인정하는 것이 되므로 조심해야 한다.

　　프랑스 축구선수 지네딘 지단Zinédine Zidane, 1972~은 2006년 독
일 월드컵 결승전에서 이탈리아 선수 마르코 마테라치Marco Materazzi,
1973~에게 박치기를 해 퇴장을 당한 것에 대해 이렇게 말했다.

"Sorry, but can't apologize." 나중에 밝혀진 바에 따르면, 경기 중 자신의 옷을 자꾸 잡아당기던 마테라치를 향해 지단이 "그렇게 내 유니폼이 가지고 싶으냐? 경기 끝나고 주마"라고 말하자 마테라치가 "유니폼보단 네 창녀 누이가 낫겠다 would prefer your whore of a sister" 는 매우 모욕적인 말을 했고 이에 격분한 지단이 뒤돌아서 박치기를 했다는 것이다.[35]

영국 작가 길버트 체스터턴 Gilbert K. Chesterton, 1874~1936은 "거만한 사과란 모욕이나 다름 없다"고 했는데, 실제로 우리 주변엔 사과를 한다면서도 그런 모욕을 저지르는 사람이 많다. 이런 사과를 가리켜 '비非사과 사과 non-apology apology'라고 한다. 갈 등 해결이라는 사과의 장점은 취

하면서 책임 인정에 따른 위험은 회피하기 위해 쓰는 수법이다.[36]

예컨대, "We are sorry this has happened to you"나 "We're sorry that you feel that way"라는 문장에는 행위자나 행위 자체에 대한 언급이 없고 그런 행위가 자신들의 책임이라는 이야기도 없다. "I made the mistake"라고 말하는 대신 "Mistakes were made"라는 식으로 말하는 건 수동태를 도입하여 주어나 행위자를 숨기려는 의도가 담겨 있다. "그랬다면 사과한다"는 식으로 조건을 거는 것도 문제다. 이유는 전혀 다르지만, 이처럼 '비사과 사과'를 하는 사람들에게도 '미안하다'는 가장 하기 힘든 말인 것 같다.[37]

sorry가 '미안'의 뜻으로만 쓰이는 건 아니다. be sorry to leave one's friends(친구들을 두고 가는 것이 서운하다), be sorry for a person in trouble(괴로워하는 사람을 가엾게 여기다), She felt sorry for herself(그녀는 낙심천만이었다)처럼 '서운', '동정', '실망'의 의미로도 쓰인다. 또 a sorry sight(비참한 광경), come to a sorry end(통탄할 결말이 되다, 실패하다), Was she sorry when her brother died(오빠가 죽었을 때 그녀는 슬퍼하던가요)? sorry news(슬픈 소식), one's sorry face(서글픈 얼굴), a sorry horse(쓸모없는 말), a sorry meal(초라한 음식), a sorry excuse(구질구질한 변명), a sorry fellow(건달, 쓸모없는 사람), a sorry plight(한심스러운 광경)처럼 '비참', '슬픔', '초라함'의 의미로도 쓰인다.[38]

메아 쿨파,
메아 쿨파,
메아 막시마 쿨파!

"The absent party is always to blame(자리에 없으면 나쁜 건 다 뒤집어쓴다)." 서양 속담이다. "To blame is easy, to do it better is difficult(남 탓은 쉽지만 문제를 개선하는 것은 어렵다)."[39] 독일 속담이다. 여기서 blame은 "(남에게 잘못의) 책임을 돌리다, ~의 탓으로 하다"는 뜻이다. I blame the accident on him(사고의 책임은 그에게 있다). You blame it on society(너는 그것이 사회의 책임이라고 한다).[40]

Blame-all and Praise-all are two blockheads(모든 사람을 탓하거나 모든 사람을 칭찬하는 건 모두 멍텅구리 짓이다). 미국 정치가이자 발명가인 벤저민 프랭클린Benjamin Franklin, 1706~1790의 말이다.

Blame is safer than praise(책망이 칭찬보다 안전하다). 미국 철학자 랠프 월도 에머슨Ralph Waldo Emerson, 1803~1882의 말이다.

People are always blaming their circumstances for

what they are. I don't believe in circumstances(사람들은 늘 자신의 처지에 대해 환경을 탓하지만 성공한 사람은 자신의 환경을 만들어간다).[41] 아일랜드 작가 조지 버나드 쇼George Bernard Shaw, 1856~1950의 말이다.

　　Everyone threw the blame on me. I have noticed that they nearly always do. I suppose it is because they think I shall be able to bear it best(모든 사람이 내게 책임을 전가했다. 나는 그들이 거의 늘 그런다는 걸 알아챘다. 내 추측으론 그들이 내가 그 책임을 잘 감당할 수 있을 거라고 생각하기 때문이다).[42] 영국 정치가 윈스턴 처칠Winston Churchill, 1874~1965이 자서전 『나의 젊은 시절My Early Life』(1930)에서 한 말이다. throw the blame on(upon)은 '~에게 책임을 전가하다'는 뜻이다.

Don't blame others. Blame is like throwing a house pigeon. The house pigeon is bound to return home(다른 사람을 비난하지 마라. 비난이란 집비둘기를 던지는 것과 같다. 집비둘기는 반드시 집으로 돌아온다).[43] 미국의 자기계발 전문가 데일 카네기Dale Carnegie, 1888~1955의 말이다.

Let's fix the problem, not the blame(문제를 해결해야지 남 탓은 하지 말자). 미국 제34대 대통령 드와이트 아이젠하워Dwight D. Eisenhower, 1890~1969의 말이다.[44]

Always let your subordinates know that the honor will be all theirs if they succeed and the blame will be yours if they fail(부하들이 성공하면 공적은 부하들의 것이 되고, 부하들이 실패하면 책임은 당신의 것이 된다는 것을 늘 부하들이 알게끔 하라).[45]

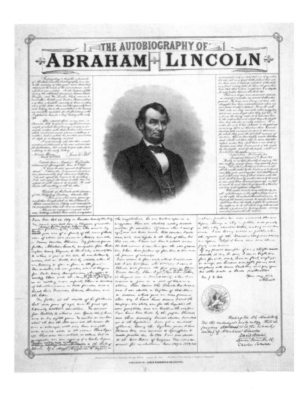

미국 작가 도널드 필립스Donald Phillips, 1952~가 『링컨의 리더십론 Lincoln on Leadership』(1992)에서 미국 제16대 대통령 에이브러햄 링컨Abraham Lincoln, 1809~1865의 리더십 원칙을 해설하면서 한 말이다.

　　Blaming others is nothing more than excusing yourself(남의 탓을 하는 것은 자신을 변명하는 것이다). 캐나다 작가 로빈 샤르마Robin S. Sharma, 1964~의 말이다.

　　blamestorming은 brainstorming을 원용한 신조어로, 조직 내에서 사고나 좋지 않을 일이 발생했을 때 서로 남의 탓을 하면서 책임을 떠넘기기 위해 애를 쓰는 것을 비꼬는 말이다. 물론 겉으로야 '진상규명위원회' 같은 그럴듯한 그룹을 만들어 자못 진지한 자세로 임하겠지만, 조사의 과정이 책임 전가로 끝나기 십상이라는 것이다. 그런 책임 전가를 가리켜 blame shift라고 한다.[46]

'블레임 룩Blame Look'은 사회적으로 물의를 빚거나 비난받는 대상의 패션이나 소지품이나 의상이 갑자기 대중의 관심과 인기를 끌게 되는 현상을 말한다. 한국 언론에서 만든 표현이므로 영어권에서는 의미가 통하지 않을 수도 있지만, 언어란 역수출도 가능함으로 언젠간 국제적으로 널리 쓰이는 말이 될 수도 있겠다. 넷플릭스 드라마 〈퀸메이커〉(2023)에서 배우 김희애는 재벌가 자제의 검찰 출두를 앞두고 블레임 룩의 활용법에 대해 이렇게 말한다. "블레임 룩이 뭔지 몰라? 사람들 눈을 가리는 거야. 우리가 모시는 오너 일가가 무슨 죄를 지었는지가 아니라. 뭘 입고, 뭘 신었는지 궁금하게 만들어서."[47]

"Place your blame, please!" 이게 무슨 말일까? 직역을 하자면 "누구 탓으로 돌릴지 정하시죠!"라는 말이다. 기업에서 많이 쓰이는 말이라고 한다. 물론 대놓고 그런 식으로 말하진 않지만, 기업에 무슨 문제가 생기면 귀신같이 희생양을 찾아내 책임을 떠넘긴다는 것이다.[48] 십수 년간 대학에서 수학과 교수로 일한 후 독일 IBM으로 직장을 옮겨 최고기술경영자CTO를 지낸 군터 뒤크Gunter Dueck의 『왜 우리는 집단에서 바보가 되었는가: 조직의 모든 어리석음에 대한 고찰 Schwarmdumm: So blöd sind wir nur gemeinsam』(2015)에 나오는 이야기다.

독일에서만 그렇겠는가? 전 세계의 모든 조직에서 일어나는 일이다. 미국 경영학자 벤 대트너Ben Dattner는 『비난 게임: 조직의 성공과 실패를 결정짓는 보이지 않는 힘The Blame Game: How the Hidden

Miserere mei, populus: Secundum magnam misericordiam tuam

mea culpa....mea culpa mea máxima culpa

Bouilan du 23 Juin 1791

Rules of Credit and Blame Determine Our Success or Failure』(2011)에서 무슨 일이건 '남 탓'을 하는 '비난 게임'은 조직을 와해시키고 회사를 망친다고 지적했다.[49] 타인을 비난하는 것은 인간의 본성인지라 '남 탓'을 없애는 건 영 쉽지 않은 일이다.

　"Mea culpa, mea culpa, mea maxima culpa"라는 가톨릭의 사죄 기도를 끊임없이 반복하게 하는 수밖엔 없을 것 같다. 'mea culpa(메아 쿨파)'란 '내 잘못을 통해서'라는 뜻의 라틴어인데, 이 단어 자체로 '내 잘못이었다' 또는 '사과한다'는 뜻으로 쓰이는 사과나 반성의 의미를 뜻한다.[50] 자신의 책임을 소중히 여기는 사람이라면 매일 한 번씩 "메아 쿨파, 메아 쿨파, 메아 막시마 쿨파(제 탓입니다, 제 탓입니다, 제 큰 탓입니다)!"라고 외쳐보는 건 어떨까?

제5장

기억 · 위험 · 꿈

나는
코끼리의 기억력을
가지고 있다

Everyone complains of the badness of his memory, but nobody of his judgment(자신의 기억력이 부실한 건 불평해도 판단력이 부실한 걸 불평하는 사람은 없다). 17세기 프랑스 작가로 풍자와 역설의 잠언으로 유명한 라로슈푸코François de La Rochefoucauld, 1613~1680의 말이다.

The advantage of a bad memory is that one enjoys several times the same good things for the first time(기억력이 나쁜 것의 장점은 같은 일을 여러 번, 처음처럼 즐길 수 있다는 것이다).[1] 독일 철학자 프리드리히 빌헬름 니체Friedrich Wilhelm Nietzsche, 1844~1900의 말이다.

미국 제32대 대통령 프랭클린 루스벨트Franklin Delano Roosevelt, 1882~1945는 1945년 4월 12일 조지아주 웜스프링스에 있는 자신

의 별장에서 오랜 세월 동안 비밀리에 연인 관계를 유지해온 루시 머서 러더퍼드Lucy Mercer Rutherfurd, 1891~1948와 함께 휴식을 취하다 뇌일혈로 쓰러져 사망했다. 루스벨트는 부인 엘리너 루스벨트Eleanor Roosevelt, 1884~1962가 워싱턴을 떠날 때면 곧잘 애인 러더퍼드를 백악관으로 불러들이기도 했는데, 최후의 순간도 불륜의 현장에서 맞이한 것이다.[2]

엘리너는 루스벨트의 불륜을 이미 오래전부터 알고 있었지만, 모른 척하고 독립적인 영부인의 역할에만 충실했다. 엘리너는 훗날 자서전에서 남편에 대해 이렇게 말했다. "I have the memory of an elephant. I can forgive, but never forget(나는 코끼리의 기억력을 가지고 있다. 용서를 해도 잊지는 못한다). 코끼리는 기억력이

워낙 뛰어난 동물인지라 "elephants never forget"이라는 속담도 있다. 기억력이 출중한 사람을 가리켜 "he has the memory of elephant"라고 한다.[3] 그래서 호주의 알츠하이머협회는 언제까지나 기억력을 유지할 수 있기를 바라는 마음으로 코끼리를 상징으로 삼았다고 한다.[4]

코끼리는 비가 내리지 않는 건기乾期에 물이 비교적 오래 남아 있는 곳을 찾아내는 것처럼 생존에 절대적으로 필요한 것을 기억하는 능력이 비상한 반면, 인간은 고통스러운 사건일수록 오래 기억하는 경향이 있다. 아니 기억을 강요당한다고 보는 게 옳겠다. 미국 심리학자 대니얼 샥터Daniel L. Schacter, 1952~는 다음과 같이 말한다.

"One of the properties that have is persistence.

This entails repeated recall of disturbing information or events that we would prefer to banish from our minds(기억이 가진 습성 중 하나는 지속성이다. 이는 마음에서 모두 사라져버리기를 원하는 고통스러운 정보나 사건들이 반복해서 떠오르는 것을 말한다).[5]

우리 인간의 기억은 일어난 사건을 의식적인 통제 처리에 의해 명확하게 기억하는 '외현 기억explicit memory'과 명확하게 기억할 수 없으나 무의식적으로 자동 처리되어 이후 행동에 변화를 일으키는 '암묵 기억implicit memory' 또는 '잠재 기억'으로 나눌 수 있다.[6]

'memory talking'이란 말이 있는데, 이에 대해 정신과 전문의 김병수는 다음과 같이 말한다. "트라우마는 의식 속의 시간을 과거에 머물게 만든다. 과거에 트라우마를 경험한 사람은 현재의 충격적인 사건에 의해 과거의 시간으로 재빨리 회귀하는 경향을 보인다. 과거의 트라우마가 다시 현재의 시점에서 말을 걸기 시작하는 것이다. 이것을 'memory talking'이라고 부르기도 한다."[7]

좋은 기억과 관련해 자주 쓰이는 말 중엔 'down memory lane'이 있는데, 이는 "옛날의, 그리운"이란 뜻이다. 1954년 실비아 다넷Sylvia Dannett과 프랭크 레이철Frank R. Rachel은 재즈 시대를 기록한 책의 제목을 『Down Memory Lane』이라고 붙였다. tread(journey, trip)

down memory lane은 "회고의 정
에 젖다"는 뜻이다.[8] 1996년 『플레
이보이』에 모델로 등장한 미녀들의
나체 사진만 모아서 낸 화보집 『The
Playmate Book: Five Decades
of Centerfolds』가 출간되었을
때 창업주인 휴 헤프너Hugh Hefner,
1926~2017는 추천사에서 "It is a trip
down memory lane"이라고 했다.[9]

　　'가짜 기억 증후군false memory syndrome'은 실제로 일어나지 않
은 일을 기억에 있는 것으로 믿어버리는 상태를 말한다. 미국에선
1990년대에 어렸을 때 성적 학대를 당했다며 성인이 된 자녀가 가
족이나 친척을 고발하는 게 무슨 유행처럼 번져나갔다. 이때 고발
당한 사람들이 만든 '가짜 기억 증후군 재단False Memory Syndrome
Foundation'은 회복된 기억이 진실은 아니며 이식된 것이 많다고 강력
하게 주장했다.[10]

　　Please Patti, don't take away our memories of a
daughter we truly love and whom we miss(제발 패티야, 사랑하
고 그리워하는 딸에 대한 우리의 기억만은 가져가지 말아다오). 미국 제40대
대통령 로널드 레이건Ronald Reagan, 1911~2004이 1994년 만딸 패티
데이비스Patti Davis, 1952~에게 쓴 편지에서 한 말이다. 패티는 레이건
이라는 성을 버릴 정도로 아빠와 사이가 나빴다. 레이건은 위선자고,
의붓어머니 낸시 레이건Nancy Reagan, 1921~2016은 자신을 학대했다고
주장했다. 패티가 아버지의 위선을 비판한다는 목적으로 1994년 『플

레이보이』에 실을 누드사진을 찍자 레이건은 사진이 출판되기 며칠 전 이와 같이 끝맺는 편지를 썼지만, 편지를 부치진 않았다. 낸시가 나중에 서랍에서 발견해 딸에게 전해주었다. 패티는 편지를 본 뒤 아빠에 대한 미움을 거두었다고 한다.[11]

One thing that tells me a company is in trouble is when they tell me how good they were in the past. Same with countries. You dont's want to forget your identity. I am glad you were great in the fourteenth century, but that was then and this is now. When memories exceed dreams, the end is near. The hallmark of a truly successful organization is the willingness to abandon what made it successful and start fresh(기업에 문제가 있다는 사실을 알려주는 신호 가운데 하나는 그 회사 사람들이 과거가 참으로 좋았다고 내게 말할 때입니다. 국가도 마찬가지입니다. 자신의 정체성을 잃어버리고 싶지는 않을 것입니다. 당신의 나라가 14세기에 위대했다면 그것은 멋진 일입니다. 그러나 그것은 그때 이야기고, 지금 이것은 현실입니다. 추억이 꿈보다 많으면 끝이 가깝다는 이야기입니다. 정말 성공하는 조직의 특징은 성공을 가져온 요인을 버리고 새롭게 출발하려는 의지입니다).[12] 미국의 경영 컨설턴트 마이클 해머 Michael Hammer, 1955~2022의 말이다.

risk

위험에 대한
미국과 유럽의
시각 차이

'뿌리'를 뜻했던 그리스어 rizikon은 나중에 라틴어에서 '절벽'을 뜻하게 되었다. 이 단어에서 나온 말이 바로 risk(위험)다. 프랑스어 risque를 거쳐 영어에 편입되었는데, 1655년 무렵부터 사용되었다. '위험'을 뜻하는 영어 단어엔 risk 외에도 danger, hazard, peril, jeopardy, crisis 등이 있는데, 물론 이들은 각기 뜻이 다르다.

해를 끼칠 수 있는 힘을 뜻하는 프랑스어에서 유래한 danger 는 정도에 상관없이 그냥 위험한 상태, '주사위'를 뜻하는 아랍어 al zahr에서 유래한 hazard는 우연히 발생하는 위험, peril은 아주 큰 위험, jeopardy는 peril과 비슷하지만 상황의 특수성을 강조하는 위험, crisis는 여러 원인으로 해를 입은 나쁜 상태가 될 결정적인 시기를 뜻한다. 이런 말들에 비해 risk는 개인이 선택해서 그 결과를 책임지는 위험을 뜻한다.[13]

독일 사회학자 울리히 벡Ulrich Beck, 1944~2015은 1986년에 출간한 『위험 사회Risk Society』에서 현대 서구 사회를 문명의 화산 위에서 살아가는 '위험 사회risk society'로 규정했다. 그가 말하는 '위험risk'은 'danger'나 'hazard'와 달리 우리 주위에서 예측할 수 없는 가운데 언제라도 발생할 수 있는 구조적이고 체계적인 위험을 가리키는 것이다.[14]

All of life is the management of risk, not its elimination(모든 삶은 위험을 경영하는 것이지 위험을 제거하는 것은 아니다).[15] 미국 은행가 월터 리스턴Walter B. Wriston, 1919~2005의 말이다.

If you're not a risk-taker, you should get the hell out of business(위험을 감수하지 않겠다면 사업은 당장 그만둬야 한다).[16] 미국 미디어그룹 타임워너 회장 스티븐 로스Steven J. Ross, 1927~1992의 말이다. get the hell out of는 '~에서 급히 떠나다'는 뜻이다.

Risk comes from not knowing what you're doing(위험

은 자신이 무엇을 하고 있는지 모르는 데서 비롯된다).[17] 미국의 투자 지주회
사 버크셔 해서웨이 회장 워런 버핏Warren Buffett, 1930~의 말이다.

Risk more than others think is safe. Dream more than
others think is practical(남들이 안전하다고 생각하는 것보다 더 많은
위험을 감수하라. 남들이 실용적이라고 생각하는 것 이상으로 더 많은 꿈을 꾸
어라).[18] 미국 스타벅스 회장 하워드 슐츠Howard D. Schultz, 1953~의 말
이다.

To win big, you sometimes have to take big risks(큰
승리를 위해 때로는 큰 위험을 감수해야 한다).[19] 마이크로소프트 창업자
빌 게이츠Bill Gates, 1955~의 말이다.

Everything in life has some risk, and what you have
to actually learn to do is how to navigate it(인생의 모든 것

은 약간의 위험을 가지고 있다. 그리고 여러분이 실제로 배워야 하는 것은 그 위험 속을 항해하는 방법이다). 미국 실리콘밸리의 링크드인 창업자 리드 호프먼Reid Hoffman, 1967~의 말이다. 그는 이런 말도 했다. People who take risk intelligently can usually actually make a lot more progress than people who don't(지능적으로 위험을 감수하는 사람들은 그렇지 않은 사람들보다 훨씬 더 발전할 수 있다).[20]

The biggest risk is not taking any risk. In a world that is changing really quickly, the only strategy that is guaranteed to fail is not taking risks(가장 큰 위험은 어떤 위험도 감수하지 않는 것이다. 빠르게 변화하는 세상에서 실패를 보장하는 유일한 전략은 위험을 감수하지 않는 것이다).[21] 페이스북 창업자 마크 저커버그Mark Zuckerberg, 1984~의 말이다.

The most dangerous thing is to become comfortable with your current situation and stop taking risks(가장 위험한 것은 현재의 편한 상황에 안주하고, 위험을 감수하기를 멈추는 것이다).[22] 챗GPT를 개발한 오픈AI 설립자 샘 올트먼Sam Altman, 1985~의 말이다.

이렇듯 미국은 위험 감수를 예찬하는 나라다. 꼭 기업가들이라고 해서 그러는 게 아니라 미국이라는 나라의 탄생 자체가 위험 감수에 의해 이루어졌기 때문이라고 보는 게 옳을 것이다. 미국의 미래학자 제러미 리프킨Jeremy Rifkin, 1945~은 『유러피언 드림The European

Dream』(2004)에서 미국과 유럽의 차이에 대해 다음과 같이 말한 바 있다.

In Europe, intellectuals are increasingly debating the question of the great shift from a risk-taking age to a risk-prevention era. The debate is virtually nonexistent among American intellectuals.……Americans are risk-taking people. Europeans, on the other hand, are far more risk-sensitive. Much of their outlook is conditioned by a checkered past history where risk-taking resulted in significant negative consequences to society and posterity(유럽의 지성인들은 '리스크 감수'의 시대에서 '리스크 예방'의 시대로 가는 대전환을 두고 토의를 벌이고 있다. 미국의 지성인들 사이에서는 그런 토의가 거의 없다.……미국인들은 리스크를 감수하는 모험가들이다. 반면 유럽인들은 리스크에 훨씬 민감하다. 그들은 리스크 감수로 인해 사회와 후세에 엄청나게 부정적인 영향을 미친 과거의 파란만장한 역사를 의식한다).

derisk는 '(재정적인) 위험을 제거하다'는 뜻이다. Mr. Smith failed to derisk(스미스는 재무리스크를 제거하는 데 실패했다). 이런 식으로 쓰이는 '디리스크'라는 말이 '디커플링'과 더불어 최근 자주 쓰이는 시사 용어로 등장했다. decoupling(디커플링)은 함께 움직인다는 뜻의 커플링coupling(동조화)과 반대되는 개념으로 '탈脫동조화'를 의미한다. 한 나라 또는 일정 국가의 경제가 인접한 다른 국가나 보편적인 세계경제의 흐름과는 달리 독자적인 경제 흐름을 보이는 현상을 말한다.[23]

신문 기사를 통해서 보자면, 이런 식의 논의가 이루어지고 있다. "유럽연합이 이날 내린 결론은 중국과 관계 조정은 필요하지만, 그 방향은 디커플링(관계 분리)이 아닌 디리스킹(위험 완화)이라는 것이었다."[24] "미국은 여전히 중국을 최대 전략적 경쟁자로 규정하지만 전면적 관계 단절(디커플링)이 아닌, 경제적·외교적 위험 축소(디리스킹) 기조로 입장을 선회하고 있다."[25]

단순함은
복잡함보다 더
어렵다

Simplicity is the ultimate sophistication(단순함이란 궁극의 정교
함이다).[26] 이탈리아 예술가이자 과학자이자 사상가인 레오나르도 다
빈치Leonardo da Vinci, 1452~1519의 말이다. 이는 복잡성을 무시하는 게
아니라 그것을 극복함으로써 얻는 단순성을 추구한다는 뜻으로, 훗날
애플의 스티브 잡스Steve Jobs, 1955~2011가 신봉한 디자인 철학의 핵심
이다.

Truth is ever to be found in simplicity, and not in the
multiplicity and confusion of things(진리는 항상 복잡성과 혼란이
아니라 단순함에서 찾아야 한다). 영국 물리학자 아이작 뉴턴Isaac Newton,
1643~1727의 말이다.

When thought is too weak to be simply expressed,
it's clear proof that it should be rejected(아이디어가 너무 약해

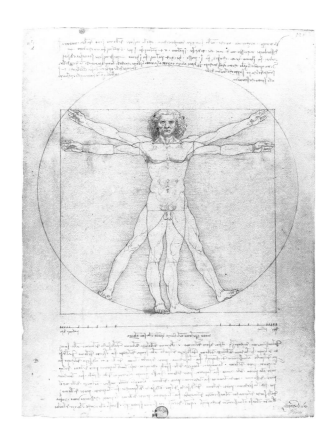

서 단순하게 표현할 수 없다면, 그것은 그 아이디어를 퇴짜놓아야 할 명백한 증거다). 프랑스 작가 뤽 드 클라피에르 드 보브나르그Luc de Clapiers de Vauvenargues, 1715~1747의 말이다. 훗날 할리우드 영화감독 스티븐 스필버그Steven A. Spielberg, 1947~는 이렇게 말했다. "영화의 아이디어를 25단어 이내로 설명할 수 있다면 그건 좋은 영화일 겁니다. 저는 손에 쥘 수 있는 아이디어를 좋아합니다."27

Everything is simpler than you think and at the same time more complex than you imagine(모든 것은 당신이 생각하는 것보다 단순하지만 동시에 당신이 상상하는 것보다 더 복잡하다).[28] 독일 시인 요한 볼프강 폰 괴테 Johann Wolfgang von Goethe, 1749~1832 의 말이다.

The smarter you are, the simpler you are to say what you think(총명하면 할수록 자신의 사상을 표현하는 말은 더욱더 단순해진다).[29] 러시아 작가 레프 톨스토이Lev Tolstoy, 1828~1910의 말이다.

The truth is rarely pure and never simple(진실은 결코 순전하지 않다). 아일랜드 작가 오스카 와일드Oscar Wilde, 1854~1900의 『진지함의 중요성The Importance of Being Ernest』(1895)에 나오는 말이다. pure and simple은 "순전純全한, 섞인 것이 없는"이란 뜻으로, 19세기부터 쓰인 말이다.[30] 오늘날 pure and simple은 (명사 뒤에서 그 의미를 강조하여) '다름 아닌, 그야말로'의 의미로 쓰인다. The question, pure and simple, is whether you will support me(문제의 핵심은 당신의 지지 여부라니까).[31]

If you can't explain it to a six year old, you don't understand it yourself(그것을 6세의 아이에게 설명할 수 없다면 그것을 제대로 이해하지 못한 것이다). 알베르트 아인슈타인Albert Einstein,

1879~1955의 말이다. 그는 이런 말도 했다. Everything should be made as simple as possible, but no simpler(모든 것을 가능한 한 단순하게 하여더는 단순할 수 없을 만큼 단순하게 해야 한다). 달리 말하면 'as simple as possible'이면서 no simpler를 덧붙인 것은 '너무 단순하게 하여 본질을 훼손하지 않는 수준까지'를 말한다.[32]

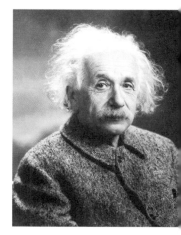

The greatest ideas are the simplest(가장 위대한 사상들은 가장 단순한 것들이다). 영국 작가 윌리엄 골딩William Golding, 1911~1993의 말이다.

Simplicity is the key to effective scientific inquiry(단순성은 효과적인 과학적 탐구의 열쇠다).[33] 미국 사회심리학자 스탠리 밀그램Stanley Milgram, 1933~1984의 말이다.

That's been one of my mantras-focus and simplicity. Simple can be harder than complex(제가 반복해서 외우는 주문 중 하나는 '집중'과 '단순함'입니다. 단순함은 복잡함보다 더 어렵습니다).[34] 스티브 잡스Steve Jobs, 1955~2011가 『비즈니스위크』(1998년 5월 12일)와의 인터뷰에서 한 말이다. 잡스는 젊은 시절부터 선불교, 명성과 영성, 채식주의에 탐닉했는데, 바로 여기서 그의 순전한 미니멀리즘Minimalism 미학, 강렬한 집중과 직관력이 탄생했다. 미니멀리즘(최소주의)은 사물의 근본만을 표현했을 때 현실과 작품의 괴리가 최소화되어 진정한 리얼리티가 달성된다는 믿음에 근거해 기교나 각색을 최

소화하는 예술·사상적 경향을 말한다.

"Simplify, Simplify, Simplify(단순화하라, 단순화하라, 단순화하라)." 애플의 마케팅과 커뮤니케이션팀이 일하는 사무실 복도의 벽에 크게 쓰여져 있는 슬로건이다.[35] 잡스는 단순한 디자인이라는 핵심 요소가 제품을 직관적으로 쉽게 사용할 수 있도록 만든다고 믿었다.

You already know how to use it(당신은 이미 이것을 어떻게 사용하는지 알고 있다). 애플의 아이패드 TV 광고에 나오는 문구다.[36] 평소 입버릇처럼 "20분만 투자하면 쓸 수 있는 컴퓨터를 만들겠다"[37]고 말했던 잡스는 마이클 노어Michael Noer가 '포브스닷컴'에 올린 아이패드 관련 일화를 읽고 감동을 받았다. 자신의 단순성 철학이 옳다는 걸 입증하는 일화로 여겼기 때문이다.

마이클 노어가 콜롬비아의 시골에서 아이패드로 소설을 읽고 있는데 가난한 6세의 소년이 다가왔다. 그 소년에게 아이패드를 넘겨주었더니, 소년은 곧 스스로 핀볼 게임을 시작하는 게 아닌가? 노어는 이렇게 썼다. Steve Jobs has designed a powerful computer that an illiterate six-year-old can use without instruction. If that isn't magical, I don't know what is(스티브 잡스는 6세의 문맹 소년도 아무런 설명 없이 사용할 수 있는 강력한 컴퓨터를 설계했다. 그것이 마법이 아니고 무엇이겠는가).[38]

My goal is to simplify complexity(제 목표는 복잡성을 단순화하는 것입니다).[39] 트위터 창업자 잭 도시Jack Dorsey, 1976~의 말이다. 그는 이런 말도 했다. It's really complex to make something simple(간단한 것을 만드는 것은 정말 복잡합니다).[40] 물론 20년 선배 스티브 잡스에게서 배운 디자인 철학일 게다.

함께 꾸는 꿈은 현실이 될 수 있다

Dreams have no expiration date(꿈은 유효기간이 없다).[41] No dreamer is ever too small, no dream is ever too big(꿈에는 작은 꿈 큰 꿈이 없다).[42] The distance between dreams and reality is called action(꿈과 현실 사이의 거리를 행동이라고 한다). Build your own dreams, or someone else will hire you to build theirs(자신의 꿈을 이루지 않으면 다른 누군가가 당신을 고용하여 그들의 꿈을 이루게 할 것이다).[43] 꿈에 관한 익명의 명언들이다. 이제 유명 인사들의 명언을 감상해보자.

Hope is a waking dream(희망은 깨어 있을 때 꾸는 꿈이다). 고

대 그리스 철학자 아리스토텔레스Aristotles, B.C.384~B.C.322의 말이다. '희망을 갖고 열심히 노력하라'는 뜻이다.[44]

Dream big dreams. Only big dreams have the power to move men's souls(큰 꿈을 꾸어라. 오직 큰 꿈만이 사람들의 영혼을 움직일 수 있는 힘을 갖는다).[45] 로마의 황제이자 철학자였던 마르쿠스 아우렐리우스Marcus Aurelius, 121~180의 말이다.

A man's dreams are an index to his greatness(꿈은 그 사람의 위대함을 보여주는 지표다).[46] 유대교 랍비 자독 라비노비츠Zadok Rabinowitz, 1823~1900의 말이다.

I dream my painting and I paint my dream(나는 그림을 꿈꾸고 꿈을 그린다).[47] 네덜란드 화가 빈센트 반 고흐Vincent van Gogh, 1853~1890의 말이다.

We grow great by dreams. All big men are dreamers (우리는 꿈을 키울 수 있다. 모든 위대한 사람은 꿈을 꾸었다).[48] 미국의 제28대 대통령 우드로 윌슨Woodrow Wilson, 1856~1924의 말이다.

Who looks outside, dreams; who looks inside, awakes(외부를 바라보는 사람은 꿈을 꾸지만 자신의 내면을 바라보는 사람은 깨어난다).[49] 스위스 정신의학자 카를 구스타프 융Carl Gustav Jung, 1875~1961의 말이다.

Man alone has the power to transfer his thoughts

into physical reality. Man alone can dream and make his dreams come true(인간만이 생각을 물리적 실체로 전환하는 능력을 가지고 있으며, 인간만이 꿈을 꾸고 그 꿈을 실현할 수 있다).[50] 미국의 자기계발 전문가 나폴레온 힐Napoleon Hill, 1883~1970의 말이다.

I can never decide whether my dreams are the result of my thoughts, or my thoughts the result of my dreams(내 꿈이 내 생각의 결과인지 아니면 내 생각이 내 꿈의 결과인지 영 모르겠다).[51] 영국 작가 데이비드 허버트 로런스David Herbert Lawrence, 1885~1930의 말이다.

You gotta have a dream! If you don't have a dream, how are you gonna make a dream come true(당신은 꿈을 가져야 해요! 꿈이 없다면 어떻게 꿈을 실현하겠어요)?[52] 미국 극작가 오스카 해머스타인 2세Oscar Hammerstein II, 1895~1960가 지은, 영화 〈남태평양South Pacific〉(1958)의 삽입곡 〈Happy Talk〉의 노랫말이다.

Dream pass into the reality of action. From this action comes the dreams again, and this produces the highest form of living(꿈이 현실의 행동으로 나타나고, 그 행동에서 다시 꿈이 생겨나게 되면, 이윽고 삶의 가장 고상한 형태가 만들어진다).[53] 프랑스 출신의 미국 작가 아나이스 닌Anais Nin, 1903~1977의 말이다.

We need men who can dream of things that never were(우리에겐 전에 없었던 것을 꿈꿀 수 있는 사람들이 필요하다).[54] 미국 제35대 대통령 존 F. 케네디John F. Kennedy, 1917~1963의 말이다.

Your ability will grow to match your dreams(능력은 꿈에 어울리게 성장하기 마련이다).[55] 미국 기업가이자 작가 짐 론Jim Rohn, 1930~2009의 말이다.

A dream you dream alone is only a dream. A dream you dream together is reality(혼자의 꿈은 꿈이지만 함께 꾸는 꿈은 현실이 될 수 있다).[56] 영국 가수 존 레넌John Lennon, 1940~1980의 말이다. 그는 〈이매진 Imagine〉(1971)에서 인류를 하나로 묶는 꿈을 노래했다. 이 노래는 기아와 탐욕, 소유, 심지어 국가가 없는 세상을 제시하면서 "나 혼자만 이런 생각을 하는 건 아니에요But I'm not the only one"라고 했다. 이에 대해 미국 심리학자 로버트 치알디니Robert B. Cialdini, 1945~는 "그것은 현재와는 다른 세계이며, 사실 기나긴 인류의 역사에서 그런 시대는 한 번도 없었다"며 "그는 자기 바람이 몽상가의 이상향처럼 보인다는 사실을 인정하면서도 단 한 소절로 노래를 듣는 사람들에게 그 이상향을 받아들이도록 설득했다"고 말했다.[57]

For all those whose cares have been our concern,

the work goes on, the cause endures, the hope still lives, and the dream shall never die(우리가 관심을 가져야 하는 이들을 위한 일들은 계속될 것이며 그들을 도와야 하는 이유 또한 계속될 것이다. 희망은 살아 있고, 꿈은 결코 죽지 않을 것이다). 미국 정치인 에드워드 케네디Edward M. Kennedy, 1932~2009가 1980년 8월 뉴욕 매디슨 스퀘어 가든에서 열린 민주당 전당대회 연설에서 한 말이다. 지미 카터Jimmy Carter, 1924~가 민주당 대통령 후보로 결정되었기 때문에 패배(승복) 연설이었지만, 마지막 구절을 따라 'the dream shall never die speech'로 불릴 만큼 명연설 중의 하나로 꼽힌다.[58]

Unlike the citizens of most other nations, Americans have always been united less by a shared past than by the shared dreams of a better future. If we lose that common future, we lose the glue that holds our nation together(다른 대부분의 나라와는 달리, 미국 국민들은 언제나 공통된 과거보다는 더 나은 미래라는 공통된 꿈으로 하나가 되었다. 그런데 그러한 공통된 미래를 잃어버린다면, 우리나라를 하나로 묶어주던 접착제를 잃어버린 셈이 될 것이다).[59] 미국 경제학자 로버트 라이시Robert B. Reich, 1946~의 말이다.

I really had a lot of dreams when I was a kid, and I think a great deal of that grew out of the fact that I had a chance to read a lot(나는 어렸을 때 정말 많은 꿈을 꾸었는데 책을 많이 읽은 기회가 있었던 것이 많은 꿈을 꿀 수 있었던 이유다).[60] 마이크로소프트 창업자 빌 게이츠Bill Gates, 1955~의 말이다.

I'm living a dream I never want to wake up from(지금 꿈을 꾸며 살고 있는데 깨어나고 싶지 않다). 포르투갈 축구 선수 크리스

티아누 호날두Cristiano Ronaldo, 1985~의 말이다. 'I'm living in a dream'은 '꿈을 꾸는 듯 하다'는 뜻인 반면 'I'm living a dream'은 꿈 같은 삶을 산 다는 뜻이다.[61]

You have to fight to reach your dream. You have to sacrifice and work hard for it(꿈을 이루기 위해서는 싸워야 한다. 당신은 그 꿈을 위해 희생하고 열심히 노력해야 한다).[62] 아르헨티나 축구 선수 리오 넬 메시Lionel Messi, 1987~의 말이다.

wind

방향을 결정하는 건
바람이 아니라
돛이다

If one does not know to which port one is sailing, no wind is favorable(어느 항구로 가는지 모른다면 바람이 무슨 소용이겠는가). 고대 로마의 스토아학파 철학자 세네카Seneca, B.C.4~A.D.65의 말이다.

True courage is like a kite; a contrary wind raises it higher(진정한 용기는 연과 같아서 역풍이 불수록 더 높이 올라간다). 스위스 작가 장 앙투안 프티센Jean Antoine Petit-Senn, 1792~1870의 말이다.

When everything seems to be going against you, remember that the airplane takes off against the wind, not with it(모든 게 힘들 때 명심할 것은 비행기는 바람에 편승하는 게 아니라 바람을 거슬러 이륙한다는 사실이다). 미국의 '자동차 왕' 헨리 포드Henry Ford, 1863~1947의 말이다.

I can't change the direction of the wind, but I can adjust my sails to always reach my destination(바람을 바꿀 수는 없지만 돛을 움직여 목적지에 도달할 수 있다). 미국 가수 지미 딘Jimmy R. Dean, 1928~2010의 말이다.

It is the set of the sails, not the direction of the wind that determines which way we will go(어느 방향으로 가느냐를 결정하는 것은 바람의 방향이 아니라 돛이다). 미국 기업가 짐 론Jim Rohn, 1930~2009의 말이다.

Most people never run far enough on their first wind to find out they've got a second(대부분의 사람들은 첫 번째 바람을 넘어서 (보람과 환희의) 두 번째 바람을 맞을 때까지 달리지 않는다). 미국 철

학자이자 심리학자인 윌리엄 제임스William James, 1842~1910의 말이다.
이는 마라톤에서 고비를 넘기면 달리기가 쉬워지는 순간second wind
이 오듯 역경은 이기고 극복해야 한다는 메시지를 던지고 있다.[63]

　　second wind는 운동하는 중에 고통이 줄어들고 운동을 계속
하고 싶은 의욕이 생기는 상태를 말하는데, 이는 윌리엄 제임스가 운
동선수의 생리적 한계를 연구하던 중 발견한 현상으로, '제2차 정상
상태'라고도 한다.[64] 선수들은 이를 일종의 쾌감이라고 말하면서 마약
을 복용할 때 느끼는 기분과 비슷하다고 묘사했다. 1979년 생물학자
캔더시 퍼트Candace Pert, 1946~2013는 운동 유발성 쾌감과 엔도르핀의
관련성에 대한 최초의 연구를 발표했다.[65]

　　If you feel the future as headwind, then you are
moving in the wrong direction(미래를 맞바람처럼 느낀다면 당신은

잘못 가고 있는 것이다).[66] 덴마크 출신의 미래학자 롤프 옌센Rolf Jensen, 1942~의 말이다. headwind는 '맞바람, 역풍', tailwind는 '(자동차·주자 등의) 뒤에서 부는 바람, 뒷바람, 순풍'을 말한다.

whirlwind는 '회오리바람, 돌개바람'이며 비유적으로 '많은 일이 정신없이 이어지는 상황'을 뜻한다. a whirlwind romance는 '정신없이 벌어진 연애', a whirlwind tour of America는 '정신없이 진행되는 미국 관광', a whirlwind visit[tour]는 '황급한 방문[여행]'을 뜻한다. To recover from the divorce, I threw myself into a whirlwind of activities(이혼을 극복하기 위해 나는 정신없이 이어지는 활동 속으로 나 자신을 던졌다).[67]

LG전자 에어컨 브랜드 '휘센Whisen'은 휠윈드Whirlwind와 보내는 사람Sender의 합성어로, 시원하고 강력한 바람을 내보내는 에어컨

의 이미지를 표현했다. '휘몰아치는 센바람'의 앞글자를 딴 것이기도 하다. '휘'라는 단어에선 '바람'의 시각적·청각적 이미지가 느껴진다. 그 덕분인지 휘센을 출시한 2000년 내수 시장 점유율이 전년보다 7퍼센트 상승했고, 일본의 마쓰시타松下를 제치고 세계 1위도 차지했다고 한다.[68]

windfall(예기치 않았던 횡재·행운)은 원래 바람에 떨어진 과실이나 쓰러진 나무를 뜻했다. 한때 영국에선 해군의 배를 만들기 위한 목재를 확보하기 위해 사유지일지라도 일단 군함용 목재 공급지로 지정이 되면 나무를 주인 마음대로 처분할 수 없게 했다. 다만 예외가 있었으니, 그건 바람에 쓰러진 나무였다. 그래서 나온 말이다. windfall loss는 "우연의(뜻밖의) 손실", windfall prifits는 "불로소득", the windfall(profits) tax는 "초과 이득세" 또는 "횡재세"를 뜻한다.[69]

windfall tax는 1997년 영국 노동당이 집권 직후 처음 만들었다. 보수당 마거릿 대처Margaret Thatcher, 1925~2013 정부 시절 신자유주의 정책에 따라 많은 국영기업이 민영화되었는데, 이 과정에서 막대한 시세 차익을 얻은 기업에 뒤늦게 이 세금을 부과한 것이다. 이렇게 조달된 1조 원가량 세금은 복지 재원으로 활용되었다.[70] 2022년 8월 3일 유엔 사무총장 안토니오 구테흐스Antonio Guterres, 1949~는 미국 뉴욕 유엔 본부에서 연 기자회견에서 "모든 나라 정부가 석유회사의 초과 이익에 세금을 매겨 그 재원을 가장 취약한 사람들을 돕는 데 사용할 것을 촉구한다"고 말했다.[71]

제6장

계
급
·
역
사
·
돈

인류 역사는
계급투쟁의
역사인가?

class는 "학급, 수업, 등급, 계급"이란 뜻인데, 어원은 로마 시민의 재산에 따른 분류를 가리키는 라틴어 classis로 16세기 말에 영어로 편입되었다. 18세기 말까지 사회적 구분이나 분류를 위해 일반적으로 사용된 단어는 rank, order, estate, degree 등이었는데, class가 이런 용어들을 대체하게 된 이유는 사회적 지위는 상속되는 게 아니라 만들어진다는 의식의 고양이었다.[1]

　　class는 a class-action lawsuit(집단소송)처럼 '집단'이라는 의미로도 쓰인다. 구어에선 "고급, 일류, 우수"란 뜻으로 자주 사용된다. She's a good performer, but she lacks class(그녀는 연주는 잘하나 일류라고는 할 수 없다).[2] Computers for the masses, not the classes(일부가 아닌 대중을 위한 컴퓨터). 1970년대 후반 코모도어 인터내셔널Commodore International의 최고경영자 잭 트래미얼Jack Tramiel, 1928~2012이 개인 사용자들을 위한 다목적 컴퓨터를 795달러의 가격으로 시장에 내놓으면서 내건 슬로건이다.[3]

미국인들이 "We were in the same class"라고 말하면 그건 같은 반이 아니라 학번이 같다는 것이고 'Class of 95'는 입학 연도가 아니라 졸업 연도 1995년을 기준으로 동기생이라는 걸 뜻한다.[4] 서양에서는 자신이 밝히지 않으면 상대방이 나이를 먼저 묻지 않는 게 예의인바, 정 나이를 알고 싶다면 간접적인 질문으로 "When did you graduate college(몇 학번이세요)?"라고 묻는데 미국인들은 졸업 연도를 학번으로 간주해 "I graduated a class of 1990"식으로 말한다.[5]

classify는 '분류[구분]하다', classify things in to three types는 '물건을 세 종류로 분류하다', classify many kinds of peoples by skin color는 '여러 민족을 피부색에 따라 분류하다'는 뜻이다. The books in the library are classified according

to subject(도서관의 책들은 주제별로 분류되어 있다). Only eleven of these accidents were classified as major(이 사고들 중 11건만이 주요[대형] 사고로 분류되었다).[6]

classify엔 '비밀로 취급하다, 기밀 사항으로 취급하다'는 뜻도 있다. Everything in the White House is classified. The color of the walls? they would even classify that(백악관의 모든 것이 기밀 사항이다. 벽 색깔? 아마 그것도 기밀로 하고 싶을 것이다). 여성 최초로 백악관을 출입한 기자인 헬렌 토머스Helen Thomas, 1920~2013가 2000년 내셔널 프레스 클럽 연설에서 백악관의 비밀주의를 비판하면서 한 말이다.[7]

『History and Class Consciousness』라는 책이 있다. 헝가리의 마르크스주의자인 죄르지 루카치Georg Lukács, 1885~1971가 1923년에 출간한 책이다. 이 책은 한국에서 어떤 제목으로 번역되었을까? 당연히 『역사와 계급의식』으로 번역되어야 했지만, 1980년대 초엔 '계급'이라는 단어를 쓸 자유조차 없었다. 그래서 번역자는 『역사와 학급의식』으로 번역할 수밖에 없었다. 거짓말같은 실화다.[8]

The history of all hitherto existing society is the history of class struggles(지금까지 존재했던 모든 사회의 역사는 계급투쟁의 역사다).[9] 독일 사상가이자 경제학자인 카를 마르크스Karl Marx, 1818~1883와 프리드리히 엥겔스Friedrich Engels, 1820~1895가

『공산당 선언Das Kommunistische Manifest』(1848)에서 한 말이다.

The bonds of class are stronger that those of nationality(계급의 결속이 민족의 결속보다 더 강하다).[10] 영국 정치인이자 역사가인 액턴 경Lord Acton, 1834~1902의 말이다.

In all societies two classes of people appear-a class that rules and a class that is ruled(어느 사회를 막론하고 국민은 두 계급으로 나뉜다. 지배계급과 피지배계급이다). 이탈리아 정치학자 가에타노 모스카Gaetano Mosca, 1858~1941의 말이다. 그는 1939년 『지배계급 The Ruling Class』에서 왜 지배계급이 소수이면서도 사회를 지배할 수 있는지를 설명하면서 다음과 같이 말했다.

A hundred men acting uniformly in concert, with a common understanding, will triumph over a thousand men who are not in accord and therefore be dealt with

one by one(상호 이해하면서 일사불란하게 움직이는 100명이 모래알처럼 흩어져 있는 1,000명을 압도하게 되어 있다).[11]

There is nothing to which men cling more tenaciously than the privileges of class(계급의 특권만큼 인간이 집요하게 집착하는 건 없다).[12] 영국의 정치이론가로 작가 버지니아 울프Virginia Woolf의 남편인 레너드 시드니 울프Leonard Sidney Woolf, 1880~1969의 말이다.

If one had to choose one clue to the national unity of the upper social classes in America today, it would best be the really exclusive boarding school for girls and prep school for boys(오늘날 미국의 상층 사회계급을 전국적으로 단결케 하는 하나의 열쇠가 있다면 그것은 여자를 위한 배타적인 성격의 기숙학교와 남자를 위한 예비학교라고 해도 지나친 말은 아닐 것이다).[13] 미국 사회학자 C. 라이트 밀스C. Wright Mills, 1916~1962가 『파워 엘리트The Power Elite』(1956)에서 한 말이다.

The country's future as a middle-class society is in jeopardy(이 나라의 미래가 중산층의 사회라는 꿈은 깨졌다).[14] 미국 언론인 로버트 커트너Robert L. Kuttner, 1943~가 1983년에 한 말이다. 바로

이때부터 소득 양극화 현상이 심각한 사회문제로 부각되기 시작했다.

　　인류의 역사는 계급투쟁의 역사인가? 사람이 많은 곳에선 선 뜻 답하기 어려운 질문일 게다. 공산주의자이거나 공산주의에 호의적인 사람으로 여겨질 수도 있으니까 말이다. 적어도 20세기 이후의 인류 역사는 공산주의의 한계, 아니 폭력을 원 없이 보여주었기에 이젠 계급을 거론하는 것마저 꺼려질지도 모르겠다. 그럼에도 다음과 같은 익명의 주장은 상식에 속한다는 걸 부인하긴 어려우리라. Class interests are best served when masked as national interests(계급 이익은 국익으로 위장할 때에 가장 잘 보장된다).[15]

역사란
죽은 자를 이용해 벌이는
장난인가?

고대 그리스에서 역사의 탄생에는 역사가 헤로도
토스Herodotos, B.C.484~B.C.423와 투키디데스
Thucydides B.C.460?~B.C.400?가 큰 역할을 했다.
두 사람은 모두 망명을 했고, 그래서 조국에
서는 가치를 인정받지 못했던 종류의 지식
을 추구하기가 좀더 용이했다. 이오니아어
에 기원을 둔 그리스어인 historie(역사)
는 원래 발견보다는 탐구에 더 초점을 둔
'연구' 또는 '조사'를 의미했다.[16] 이런 원
래의 의미는 오늘날 자연을 탐구한다고
하는 natural history(박물학)라는 표현
에 남아 있다.[17]

The birth of history-inquiry into the human past-came with the shift of focus away from the will of God or the deeds of gods. The story moved from remote primordial time, the time of myths, to recent events in human time. While myths explained origins-how things began-history would explain consequences(역사의 탄생-인간의 과거에 대한 탐구-은 신의 의지 또는 신들의 업적으로부터 벗어나는 초점 이동을 가져왔다. 이야기는 먼 옛날 신화의 시대로부터 인간의 시대에 일어난 최근의 사건들로 전환했다. 신화는 기원-사물이 어떻게 시작하였는지-을 설명했지만, 역사는 결과를 설명했다).[18]

미국 역사가 대니얼 부어스틴Daniel J. Boorstin, 1914~2004이 『탐구자들: 진리를 추구한 사람들의 위대한 역사The Seekers: The Story of Man's Continuing Quest to Understand His World』(1998)에서 한 말이다.

histrionic이란 단어가 있다. historic으로 착각해 '역사적'으로 번역하는 실수를 저지르기 쉽지만, 전혀 다른 단어로 actor라는 뜻의 라틴어 histrio에서 파생한 '배우의, 연기의, 연극적인, 연극 같은, 과장된'이라는 뜻이다. histrionic evening은 '연극을 즐기는 저녁', histrionic powers는 '배우의 솜씨(연기)', histrionic personality disorder는 '타인의 애정과 관심을 끌기 위한 지나친 노력과 과도한 감정 표현을 하는 연극성 성격 장애'를 말한다.

Both players have demonstrated histrionic appealing to the umpire(두 선수 모두 과장된 몸짓으로 심판에게 항의를 했다). American lawyers are to behave more histrionic in court than their counterparts abroad(미국 변호사들은 외국의 변호사

들보다 법정에서 과장되게 행동하는 경향이 있다). I am not in any way being histrionic(나는 어떠한 면에서도 과장되게 행동하고 있지 않다). I don't think the message was quite as histrionic as you state(그 메시지가 네가 말한 것만큼 그 렇게 과장되었다고 생각하지 않는다).[19]

History is philosophy learned from examples(역사는 사례를 통해 배우는 철학이다).[20] 기원 전 1세기경에 활동한 고대 그리스의 역사학자 디오니시우스Dionysius of Halicarnassus의 말이다.

History is nothing but a

pack of tricks that we play upon the dead(역사란 우리가 죽은 자를 이용해 벌이는 장난들을 모은 것에 지나지 않는다).[21] 프랑스 사상가 볼테르Voltaire, 1694~1778의 말이다.

The men who make history have not time to write it(역사를 만드는 사람들은 그걸 기록할 시간이 없다). 오스트리아 정치가 클레멘스 메테르니히Klemens Wenzel Nepomuk Lothar von Metternich, 1773~1859의 말이다. 나중에 독일 정치가 오토 폰 비스마르크Otto Von Bismarck, 1815~1898도 이렇게 맞장구를 쳤다. The main thing is to make history, not to write it(가장 중요한 것은 역사를 만드는 것이지 쓰는 게 아니다).[22]

Men make their own history, but they do not make it just as they please; they do not make it under circumstances chosen by themselves but under circumstances directly encountered, given and transmitted from the past(인간은 자신의 역사를 만든다. 하지만 자신이 원하는 그대로는 아니다. 인간은 스스로 선택한 환경이 아니라 과거로부터 직접 발견되고 주어지며 이전된 환경 속에서 역사를 만들기 때문이다).[23] 독일 사상가이자 경제학자인 카를 마르크스Karl Marx, 1818~1883의 말이다.

History is past politics, and politics present history(역사는 과거의 정치요, 정치는 현재의 역사다).[24] 영국 역사가 에드워드 아우구스투스 프리먼Edward Augustus Freeman, 1823~1892의 말이다.

History: An account mostly false, of events mostly

unimportant, which are brought about by rulers mostly knaves, and soldiers mostly fools(역사: 대체로 악인인 지배자와 바보스런 군대가 일으킨, 대단치 않은 사건에 관한 거짓 기록).[25] 미국 작가 앰 브로즈 비어스Ambrose Bierce, 1842~1914가 『악마의 사전』(1906)에서 내린 정의다.

It does not follow that, because a mountain appears to take on different shapes from different angles of vision, it has objectively either no shape at all or an infinity of shapes. It does not follow that, because interpretation plays a necessary part in establishing the facts of history, and because no existing interpretation is wholly objective, one interpretation is as good as another, and the facts of history are in principle not amenable to objective interpretation(산이 보는 각도에 따라 다 른 모습으로 보인다고 해서, 산이 객관적으로 어떤 모습도 전혀 갖고 있지 않 다거나 무한한 모습을 갖고 있다고 말할 수는 없다. 해석이 역사적 사실을 구성 하는 데에 필요한 역할을 하고 그 어떤 해석도 전적으로 객관적이진 않다고 해 서, 해석들 사이에 아무런 차별성도 없고 역사적 사실은 원칙적으로 객관적 해 석의 대상이 될 수 없다는 걸 의미하는 건 아니다).[26] 영국 역사가 에드워드 카Edward Hallett Carr, 1892~1982가 『역사란 무엇인가?What Is History?』 (1961)에서 한 말이다.

돈이 없는 게
만악의
근원이다

You can be rich if you only know one way to make money or spend money(돈을 버는 방법이든 돈을 쓰는 방법이든 한 가지만 알면 부자가 될 수 있다).[27] 고대 로마의 스토아학파 철학자 세네카(Seneca, B.C.4~A.D.65의 말이다.

　　Money is the root of all evil(돈은 만악의 근원이다). 『신약성서』 「디모데전서」 제6장 10절에서 유래한 속담이다. The love of money is a root of all kinds of evil(돈을 사랑함이 만악의 뿌리가 되나니). 이에 영국 작가 조지 버나드 쇼George Bernard Shaw, 1856~1950는 "Lack of money is the root of all evil(돈이 없는 게 만악의 근원이다)"고 했다.[28]

　　Whoever originated the cliche that money is the root of all evil knew hardly anything about the nature of evil

and very little about human beings(돈이 모든 악의 근원이라는 상
투어를 만들어낸 사람은 악의 본질에 대해 아무것도 모르며, 인간에 대해서는
아는 게 거의 없다).[29] 미국 작가 에릭 호퍼Eric Hoffer, 1902~1983가 『길 위
의 철학자Truth Imagined』(1983)에서 한 말이다.

Money is like sea-water:
The more we drink the
thirstier we become; and the
same is true of fame(돈은 바닷
물과 같다. 마시면 마실수록 더 목이 마
르다. 명성도 마찬가지다).[30] 독일 철
학자 아르투어 쇼펜하우어Arthur
Schopenhauer, 1788~1860의 말이다.

I'd like to live as a poor man with lots of money(나는 돈 많은 빈자貧者가 되고 싶다).[31] 스페인 화가 파블로 피카소Pablo Picasso, 1881~1973의 말이다.

The two most beautiful words in the English language are' check enclosed(영어에서 가장 아름다운 두 단어는 '수표 동봉'이라는 말이다).[32] 미국 시인 도로시 파커Dorothy Parker, 1893~1967의 말이다.

If women didn't exist, all the money in the world would have no meaning(세상에 여자가 없다면 세상 모든 돈이 의미가 없을 것이다).[33] 그리스의 선박 왕 아리스토틀 오나시스Aristotle Onassis, 1906~1975의 말이다. 그가 미국 대통령 존 케네디의 부인이었던 재클린 케네디Jacqueline Kennedy, 1929~1994와 결혼한 것도 그런 맥락에서 이해할 수 있겠다.

People like money but are reluctant to say that they like it(사람들은 돈을 좋아하면서도 정작 돈을 좋아한다고 말하기를 꺼린다).[34] 미국의 사회심리학자 레온 페스팅어Leon Festinger, 1919~1989의 말이다.

Never work just for money or for power. They won't save your soul or build a decent family or help you sleep at night(돈이나 권력 때문에 일하지 마라. 그대의 영혼을 구하지도 못하고 가정

을 꾸리게 돕거나 밤에 편히 잠잘 수 있게 해주지도 못한다).[35] 미국의 아동 인권운동가 메리언 라이트 에덜먼Marian Wright Edelman, 1939~의 말이다.

Three groups spend other people's money: children, thieves, politicians. All three need supervision(남의 돈 쓰는 세 그룹은 아이들과 도둑, 정치인들인데 모두가 감독이 필요한 대상이다).[36] 미국 정치인 리처드 아미Richard K. Armey, 1940~의 말이다.

It is impossible to be fearless about money if we don't value other parts of our lives and our selves more than we value our bank accounts(은행 계좌보다 인생 그 자체와 자신을 소중하게 여기지 않는다면 돈에 대해 담대해질 수 없다).[37] 『허핑턴포스트』의 창립자인 아리아나 허핑턴Arianna Huffington, 1950~이 『담대하라, 나는 자유다On Becoming Fearless』(2006)에서 한 말이다.

〈Money changes everything(돈이 모든 것을 바꾼다. 돈이면 뭐든지 바꿀 수 있다)〉. 미국 가수 신디 로퍼Cyndi Lauper, 1953~가 1984년에 불러 히트시킨 노래 제목이다. 이런 말도 있다. Money is the sinews of love as well as of war(돈은 전쟁뿐만 아니라 사랑의 동력이다). There's one law for the rich, and another for the poor(유전무죄 무전유죄).[38]

Money has no utility to me beyond a certain point(돈은 일정 수준 이상을 넘어가면, 더는 효용이 없다).[39] 마이크로소프트 창업자 빌 게이츠Bill Gates, 1955~의 말이다. 이런 점잖고 위선적인 말보다는 "돈이 모든 것을 바꾼다"는 신디 로퍼의 말에 동의할 사람이 더 많을 것 같다.

money illusion(화폐착각, 화폐가치 착각)은 구매력에 대한 고

191

려 없이 행해지는 화폐액에 대한 심리적 평가를 말한다. 예를 들면 노동자의 임금이 2배로 상승한 반면에 물가 또한 2배로 등귀했다면 실질임금은 종전과 조금도 변함이 없지만 자신의 생활이 윤택해졌다고 생각하는 경우가 그것이다.[40] 미국 경제학자 어빙 피셔Irving Fisher, 1867~1947가 『달러 안정화Stabilizing the Dollar』라는 책에서 처음 사용해 선보였고, 영국 경제학자 존 메이너드 케인스John Maynard Keynes, 1883~1946가 유행시킨 용어다. 케인스는 사람들이 돈을 실질적인 가치에 근거하지 않고 표시된 숫자에 근거해 평가하는 경향이 있다고 밝혔다.[41]

피셔가 1928년에 출간한 『화폐착각The Money Illusion』은 물가상승률을 인식하지 못할 때 사람들이 저지르는 실수를 보여준다. 이는 현대 거시경제학자들의 근본적 가정이 지닌 맹점을 잘 보여주는 것이기도 하다. 그들은 경제적 결정이 합리적 행동에 기반한다는 시각을 내세웠는데, 이 합리적 행동에는 화폐착각이 개입될 여지가 없었다.[42]

"당신이 내는 돈은 가격이지만, 돈을 내고 얻는 것은 가치라고 부릅니다." '투자의 귀재'로 알려진 워런 버핏Warren Buffett, 1930~의 말이다. 이에 대해 미국의 피델리티 자산운용 투자 전략 커뮤니케이션팀 총괄이사인 닉 아밋은 이렇게

말한다. "그는 '가격'과 '가치'의 차이를 분명히 이해했다. 가격은 돈의 절대 액수이고 가치는 인플레이션을 감안한 화폐가치를 의미한다. 그러나 대부분의 사람들은 두 개념을 혼동하고 있다. 안타깝게도 돈의 액수에 신경을 뺏긴 나머지 돈의 가치는 간과하고 있는 것이다. 은행 계좌 안에 있는 돈으로 얼마나 구입할 수 있을지는 돈의 가격이 아니라 돈의 가치가 알려준다."[43]

왜 우리는 아주 쉬운 이치인데도 자주 화폐착각에 빠지는 걸까? 영국 경제학자 팀 하포드Tim Harford, 1973~는 "비록 우리는 인플레이션을 감안해야 한다고 생각하면서도, 늘 인플레이션을 감안해서 조정하는 정신적인 노력을 기울이지는 않는다"며 이렇게 말한다. "인플레이션을 반영한 수치에는 대개 우리의 행동 방식을 바꾸는 데 필요한 정서적 자극이 결여되어 있다. '명목임금' 혹은 '명목가격'이라 부르는, 인플레이션을 반영하지 않은 원 수치가 바로 우리가 관심을 가질 수밖에 없는 숫자이다."[44]

고독은
부자의 영원한
고민이다

rich는 '추장'을 뜻하는 켈트어 rix에서 나왔다. 원시시대 추장들은 다른 사람들보다 화려한 옷을 입고 있고, 부와 권력도 많았기 때문에 '화려하다', '풍족하다', '돈이 많다'로 의미가 확대되었다. 켈트어로는 마을 최고 통치자인 '추장(왕)'을 뜻했지만 이미 앵글로색슨족들은 왕을 뜻하는 king이란 단어가 있었기 때문에 rich는 '돈 많은 사람'을 뜻하는 단어로 뜻이 변했다. 지금도 부자를 뜻하는 rich는 '풍성하다', '깊이 있다'는 원래 의미가 되살아나 사용되기도 하는데, 'This book is rich with meaning'은 이 책은 해석하기에 따라 여러 의미가 있는 '가진 것이 많은 책'이란 뜻이 된다.[45]

Everyone asks if a man is rich, no one if he is good(그가 좋은 사람이냐고 묻는 사람은 없고 모두 돈이 많은 사람이냐고만 묻는다).[46] 고대 그리스의 시인 에우리피데스Euripides, B.C.480~B.C.406의 말이다.

사람들의 '돈타령'이 전적으로 자본주의 탓만은 아닌 것 같다.

rich and famous(부유하고 유명한)는 대다수 미국인들의 꿈인
지라, 저널리즘의 상투어로 자주 활용되고 있다. 1961년 오드리 헵
번Audrey Hepburn, 1929~1993과 조
지 페파드George Peppard, 1928~1994
가 주연한 로맨틱 코미디 영화
〈Breakfast at Tiffany(티파니
에서 아침을)〉에서 사용되어 강
한 인상을 준 이후로 1981년 영
화 〈Rich and Famous(여인의
계단)〉, 1986년 텔레비전 프로그
램 〈Lifestyles of the Rich and
Famous(부자와 유명 인사의 라
이프스타일)〉 등을 통해 상투어의
위상이 더욱 굳어졌다.[47]

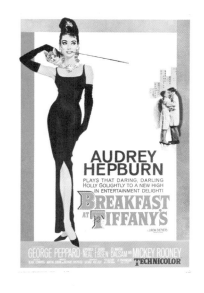

Ask him for money as
he is rich as Croesus(그가 갑
부이므로 그에게 돈을 달라고 하라). 크로이소스Croesus, B.C.560~B.C.546는
현재의 튀르키예 지역에 있던 국가인 리디아Lydia의 최후의 왕으로 큰
부자로 유명했다. 그래서 일반적으로 큰 부자를 가리키는 말로 쓰이
면서 (as) rich as Croesus(큰 부자인)라는 숙어가 탄생했다.[48]

A rich miser is poorer than a poor man(부자 구두쇠가 가
난한 사람보다 더 가난하다. 즉, 부자가 더 짜다). 아랍 속담이다. 중동 지
역의 또 다른 격언 '금을 실은 나귀는 아직도 엉겅퀴를 먹는다The ass

loaded with gold still eats thistles'는 말과 비슷하다. 자수성가형 부자들 중엔 '나는 소박하고 궁하게 사는 게 오히려 행복하다I am sober and miserable and happy as ever'고 말하는 이가 많다. '돈을 모으기 위해 가난하게 사는 것은 멍청이Fools live poor to die rich'라는 말도 있지만 이보다는 '열심히 일하지 않으면 모을 수도 없다Sow thin and mow thin'는 말이 더 큰 지지를 받는 것 같다.[49]

It is easier for a camel to go through the eye of a needle than for a rich man to enter the Kingdom of God(낙타가 바늘귀로 들어가는 것이 부자가 하나님의 나라에 들어가는 것보다 쉬우니라). 『신약성서』「마태복음」 제19장 24절에 나오는 말이다. 여기서 the eye of a needle은 진짜 바늘귀가 아니라 예루살렘 성벽에 난 보행자들을 위한 작은 문을 가리키는 별명이라는 설이 있다. 작은 낙타는 이 문을 다리를 구부려 힘들게 간신히 통과할 수 있지만, 큰 낙타는 통과할 수 없기 때문에 나온 말이라는 것이다. 그런가 하면 '낙타kamelon'가 '밧줄kamilon'의 잘못이라는 설도 있다. 밧줄이 맞는다면 바늘귀는 진짜 바늘귀를 가리키는 게 되니, 의미가 더 잘 통한다고 할 수 있겠다.[50]

People who want to get rich fall into temptation and a trap and into many foolish and harmful desires that plunge men into ruin and destruction(부자가 되려고 하는 자들은 시험과 올무와 여러 가지 어리석

고 해로운 정욕에 떨어지나니 곧 사람으로 침륜과 멸망
에 빠지게 하는 것이라). 『신약성서』 「디모데전
서」 제6장 9절에 나오는 말이다.

It is difficult for a rich
person to be modest, or a
modest person rich(부자가 겸손
하거나 겸손한 사람이 부자가 되는 건 어렵다). 그
리스 철학자 에픽테투스Epictetus, 55~135의 말이다. 영국 소설가 제인
오스틴Jane Austen, 1775~1817도 비슷한 말을 했다. It is very difficult
for the prosperous to be humble(부자가 겸손하긴 어렵다).

The Rich knows not who is his friend(부자는 누가 자신
의 친구인지 모른다).[51] 영국의 시인이자
성공회 성직자인 조지 허버트George
Herbert, 1593~ 1633의 말이다.

The pleasure of the rich
are bought with the tears of the
poor(부자의 기쁨은 빈자貧者의 눈물을 희
생으로 해서 얻어진 것이다).[52] 영국의 성
직자이자 작가인 토머스 풀러Thomas
Fuller, 1608~1661의 말이다.

A miser grows rich by
seeming poor; an extravagant man grows poor by
seeming rich(구두쇠는 가난한 척함으로써 부유해지고, 낭비꾼은 부유
한 척함으로써 가난해진다). 영국 시인 윌리엄 셴스톤William Shenstone,

1714~1763의 말이다.

If you can actually count your money, then you are not a really rich man(가진 돈을 실제로 계산할 수 있는 사람은 진정한 부자가 아니다).[54] 미국 석유 재벌 진 폴 게티Jean Paul Getty, 1892~1976의 말이다.

I am not rich. I am a poor man with money, which is the same thing(나는 부자가 아니다. 나는 돈을 가진 가난한 사람이다. 이는 부자와는 다른 것이다). 콜롬비아 소설가 가브리엘 가르시아 마르케스Gabriel García Márquez, 1927~2014의 말이다.

The philosophy of the rich versus the poor is this. The rich invest their money and spends what is left, the poor spends their money and invest what is left(부자와 빈자의 철학의 차이는 이렇다. 부자는 돈을 투자하고 남은 걸 쓰는 반면, 빈자는 돈을 쓰고 남은 걸 투자한다). 미국 기업가 짐 론Jim Rohn, 1930~2009의 말이다.

Loneliness is the universal problem of rich people(고독은 부자의 영원한 고민이다). 영국 여배우 조앤 콜린스Joan Collins, 1933~의 말이다.

To get rich, you have to be making money while you're asleep(부자가 되려면 잠자는 동안에도 돈을 벌어야 한다).[55] 영국의 사진작가 데이비드 베일리David R. Bailey, 1938~의 말이다.

"어려서 고생은 사서도 한다"는
말은
헛소리다

adverse, adversely, adversary, adversarial, adversity는 족
보상 모두 한 식구다. adverse는 '부정적인, 불리한', adversely는
'불리하게, 반대로', adversary는 '상대방, 적수', adversarial은
'서로 대립 관계에 있는, 적대적인', adversity는 '역경'이란 뜻이다.
courage in the face of adversity는 '역경에 맞선 용기', a man
in adversity는 '역경에 처한 사람', triumph over adversity는
'역경을 극복하고 성공하다', a period of adversity는 '실의의 시
대'를 뜻한다.

역경을 예찬하는 말은 무수히 많다. Per aspera ad astra(역
경을 거쳐 영예의 별로).[56] 사자성어四字成語로 말하자면, 고진감래苦
盡甘來라는 말이 적합하겠다. 아일랜드 소설가 제임스 조이스James
Joyce, 1882~1941의 소설『젊은 예술가의 초상A Portrait of the Artist as a

Young Man』(1916)에 나오는 라틴
어 금언이다. "Adversity is the
foundation of virtue(역경은 덕
의 기초다)", "Adversity makes a
man wise(역경은 사람을 현명하게
만든다)" 등과 같은 속담들은 말할
것도 없고 수많은 위인이 역경에 관
한 많은 명언을 남겼다.

　"Sweet are the uses of
adversity(역경의 열매는 달콤하
구나)." 윌리엄 셰익스피어William
Shakespeare, 1564~1616의 말이다.[57]
나폴레옹 보나파르트Napoleon
Bonaparte, 1769~1821는 "Adversity
is the midwife of genius(역경
은 천재의 산파다)"고 했고, 영국 시
인 조지 바이런George Gordon Byron,
1788~1824은 "Adversity is the
first path to truth(역경은 진실
에 이르는 첫 번째 길이다)"고 했으며, 영국 정치가이자 작가인 벤저민
디즈레일리Benjamin Disraeli, 1804~1881는 "There is no education
like adversity(역경만큼 좋은 교육은 없다)"고 했다.

　이 명언들을 다 믿어도 될까? 혹 역경에 빠진 자신이나 다른 사
람을 위로하기 위해 지어낸 말은 아닐까? 그런 의심은 정당하다. 역

경에 처하면 모든 게 다 흔들리기 때문이다. 친구마저도. 다음과 같은 말들은 그 점을 말 말해준다.

Adversity has no friends(힘들 때는 친구도 없다). Friends are known in adversity(진정한 친구는 힘들 때 드러난다). True friends are tested in adversity(진짜 친구는 힘들 때 알아본다). Adversity is the touchstone of friendship(역경은 우정의 시험대다). Fire is the test of gold; adversity of friendship(불은 금을 연단하고 역경은 우정을 가린다).[58]

어찌 친구들뿐이랴. 자기 자신도 흔들린다. 역경을 시험이나 시금석으로 간주하는 속담이나 격언이 많은 것도 우연이 아니다. Adversity reveals and shapes character(역경은 성격을 드러내게 하고 형성한다). Adversity is the touchstone of virtue(역경은 미덕의 시금석이다). Adversity weakens the weak and strengthens the strong(역경은 약자를 더 약하게 만들고 강자를 더 강하게 만든다).

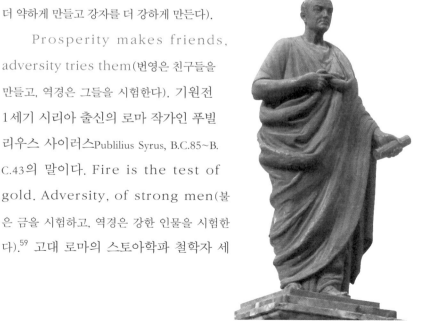

Prosperity makes friends, adversity tries them(번영은 친구들을 만들고, 역경은 그들을 시험한다). 기원전 1세기 시리아 출신의 로마 작가인 푸빌리우스 사이러스Publilius Syrus, B.C.85~B.C.43의 말이다. Fire is the test of gold. Adversity, of strong men(불은 금을 시험하고, 역경은 강한 인물을 시험한다).[59] 고대 로마의 스토아학파 철학자 세

네카Seneca, B.C.4~A.D.65의 말이다.

역경을 잘 이겨냈다고 해도 역경의 상처는 트라우마로 남을 수 있다. 어렸을 때 고생을 많이 한 미국 제42대 대통령 빌 클린턴Bill Clinton, 1946~은 "Adversity is our friend. It's a harsh teacher sometimes and I hate it(역경은 내 친구다. 어떤 때는 그게 너무 잔인한 선생님이기도 해서 나는 그를 싫어한다)"고 했다.[60] 도대체 역경은 클린턴에게 어떤 상처를 남겼길래 그런 말을 한 걸까?

클린턴은 아칸소주 지사 시절 '타협의 천재'라는 찬사와 더불어 '기회주의자'라는 비난을 동시에 들었다. 그 어느 쪽이든지 간에 클린턴에게 타협은 성장 과정에서 터득한 생존의 법칙이었다. 그는 타협에 대한 강박관념 때문에 모든 사람을 다 즐겁게 해주려고 하는 'Slick Willie(뺀질이 윌리)'라는 별명을 얻었다. 한마디로 이야기해서 그는 기름을 바른 듯 미끄러지게 교활하고 말솜씨가 번지르르한 회피형이라는 것이다.[61]

이 별명은 대통령 예비선거를 치르면서 불거져나왔는데, 클린턴은 1992년 3월 선거유세 도중 그러한 비난에 대해 기자들과의 인터뷰에서 "내 비판자들은 나를 '뺀질이 윌리'라고 부르기도 한다. 내가 항시 미소를 띠고 여유만만한 태도를 보이기 때문일 것이다. 또 내가 자란 환경 탓일 수도 있다"고 했다. 이어 그는 "어린 시절 어려움이 무척 많았지만 털어놓고 이야기할 상대가 없었다. 나는 고통과 어려움을 드러내지 않고 언제나 행복한 표정을 지어야 하는 그런 환경에서 자랐다. 고통이나 괴로움은 남들과 나누는 것이 아니었다"며 다음과 같이 말했다.

"나는 평화주의자로 지나친 갈등을 싫어했다. 그것은 어린 시절

내게 큰 고통을 안겨주었다. 상대에게 악감정을 심어주지 않고 세상이 끝장나거나 내 삶의 기반이 흔들릴 것을 걱정하지 않으면서 어떻게 갈등에 대처하고 그것을 표현하며 반대 의사를 표명할까를 배우는 것이 성장 과정에서 겪은 가장 큰 문제였다. 극단적인 환경에서 자라났으므로 일상생활에서 흔히 있는 대립과 갈등을 삭이지 못했다. 이점이 내 약점이다. 정치 초년생 시절 사람들과 좋은 관계를 유지하려애썼고 반대 세력과도 잘 지내야 한다는 필요성을 인식했다. 다른 한편으로 볼 때 그 점에 너무 매달리지 않았나 싶다."[62]

2023년 5월 미국과 영국의 진화생물학자, 심리학자, 인류학자들이 야생 고릴라를 55년 동안 장기 추적 조사한 연구 결과에 따르면, 어려서 역경을 경험한 개체는 어른이 돼서도 힘든 삶을 산다는 사실을 확인했다. 연구를 이끈 미국 미시간대학(앤아버) 교수 스테이시

로젠바움Stacy Rosenbaum은 "이번 연구는 어린 시절 역경이 성인이 돼서 사망 위험을 높이고 삶의 질을 낮출 수 있다는 사실을 보여주고 있다"고 설명했다. 로젠바움은 "이번 연구 결과가 인간에게도 마찬가지로 나타나는지는 추가 연구가 필요하다"라면서도 "명확한 것은 고립되고 어려움을 겪는 어린 개체들에 충분한 사회적 완충 기능을 제공하는 것이 중요하다는 것을 이번 연구가 보여준다"고 밝혔다.[63]

이른바 '역경 점수' 제도도 그런 사회적 완충 기능의 하나로 볼 수 있을까? 2019년 5월 한국의 수능시험 격인 SATScholastic Aptitude Test를 주관하는 미국의 비영리기구인 대학위원회College Board는 대학 입시에 지원자의 사회·경제적 배경을 고려하는 '역경 점수Adversity Score' 제도를 도입한다고 발표했다. 이는 학생이 사는 동네의 범죄율과 빈곤율, 부모의 교육 수준 등 15가지 요인을 고려해 1~100점 점수로 환산하는 방식인데, 점수가 높을수록 더 큰 역경을 겪고 있음을 의미한다. 대학위원회 대표 데이비드 콜먼David Coleman, 1969~은 "SAT에서는 낮은 점수를 받지만 실제로는 이보다 훨씬 더 많이 성취한 놀라운 학생들이 있다"며 "우리는 SAT에 반영된 부의 불평등을 못 본 척할 수 없다"고 말했다.[64]

명문대학에 진학했던 클린턴은 온갖 역경을 이겨냈기 때문에 대통령의 자리에 오를 수 있었을 게다. 그는 비교적 해피엔딩으로 끝났지만, 역경을 딛고 일어선 이들이 모두 다 그런 행운을 누릴 수 있는 건 아니다. 모진 역경을 딛고 일어선 이들은 강한 모습을 보이고 싶어서 자신이 겪은 역경을 미화해서 말하는 경향이 있지만, 가끔 솔직하게 말하는 이들도 볼 수 있다. 자신의 영혼이 파괴당하는 끔찍한 경험을 했다고 털어놓으면서 역경은 겪지 않으면 않을수록 좋은 것이라는 식으로 말이다.

하지만 피할 수 있는데도 역경을 스스로 겪으려 드는 사람이 누가 있겠는가. 다만 "어려서 고생은 사서도 한다", "젊을 때 고생은 사서도 한다"는 식의 '역경 예찬론'은 헛소리일 수 있다는 말이다. 물론 어느 정도의 역경은 사서도 할 만한 가치가 있겠지만, 지금 우리가 말하는 건 그렇게 견뎌낼 만한 수준의 역경이 아니라 세상을 보는 시각과 더불어 성격까지도 송두리째 바꿀 수 있는 가혹한 역경이다. 역경을 예찬하는 명언들은 믿지 않는 게 좋다. 그걸 너무 믿다 보면 남의 역경에 대해 냉담해지기 쉬우니 말이다.

제7장

행
복
·
인
생
·
법

누가 행복을
정의할 수
있는가?

happiness(행복)의 본뜻은 "good fortune(행운)"이다. happiness, hapless, perhaps, happenstance, happening 은 각기 다른 뜻을 가진 단어지만, 어원상 모두 다 친척 관계다. 모두 'hap(우연)'에서 나온 단어들이기 때문이다.[1] 따라서 happiness라 고 하는 말에는 외부에서 찾아오는 '행운'과 비슷한 울림이 있다. 나 는 행복한가? 행복의 본질은 우연이라는 생각은 우리의 행복에 매우 중요하다. 행복에 관한 명언들을 감상하면서 잘 생각해보자.

Happiness is unrependant pleasure(행복은 후회 없는 만 족이다). 고대 그리스 철학자 소크라테스Socrates, B.C.469~B.C.399의 말 이다. The greatest wealth is to live content with little(최 고의 행복은 작은 것으로 만족하는 것이다). 고대 그리스 철학자 플라 톤Platon, B.C.427~B.C.347의 말이다. Happiness depends upon

ourselves(행복은 각자 노력하기 나름이다). 고대 그리스 철학자 아리
스토텔레스Aristotles, B.C.384~B.C.322의 말이다.[2]

But, O, how bitter a thing it is to look into happiness
through another man's eyes(오, 타인의 눈을 통해 행복을 본다는
것은 얼마나 쓰라린 일인가)![3] 영국 극작가 윌리엄 셰익스피어William
Shakespeare, 1564~1616의 『뜻대로 하세요As You Like It』에 나오는 말이다.

Who thus define it, say they more or less/Than this,
that happiness is happiness(누가 행복을 정의할 것이며, 누가 자신이
더 행복하다고 혹은 덜 행복하다고 말할 것인가? 이것이 행복이라고 또는 저것

이 행복이라고 말할 사람은 누구인가)?[24] 영국 시인 알렉산더 포프Alexander Pope, 1688~1744가 『인간에 관한 에세이Essay on Man』(1733)의 약 4분의 1을 행복에 관해 다루면서 글의 마지막에 남긴 질문이다.

Happiness makes humans selfish(행복은 인간을 이기주의자로 만든다).[5] 러시아 작가 레프 톨스토이Lev Tolstoy, 1828~1910의 말이다.

Happiness is nothing more than good health and a bad memory(행복은 건강과 망각이다).[6] 독일계 프랑스 의사이자 사상가인 알베르트 슈바이처Albert Schweitzer, 1875~1965의 말이다.

A table, a chair, a bowl of fruit and a violin; what else does a man need to be happy(식탁과 의자, 과일, 바이올린만 있으면 그 이상 무얼 더 바라겠는가)? 세계적인 물리학자 알베르트 아인슈타인Albert Einstein, 1879~1955의 말이다. 이 같은 소박한 행복론의 원조는 아마도 다음과 같이 말한 고대 로마 철학자 키케로Cicero, B.C.106~BC.43일 것이다. If you have a garden and a library, you have everything you need(정원과 도서관만 있다면 또 무얼 바라겠는가).[7]

Success is getting what you want. Happiness is wanting what you get(성공은 원하는 것을 얻는 것이고 행복은 얻는 것을 원하는 것이다).[8] 미국의 처세술 전문가 데일 카네기Dale Carnegie,

1888~1955의 말이다. 그는 이런 명언도 남겼다. It isn't what you have, or who you are, or where you are, or what you are doing that makes you happy or unhappy. It is what you think about(행복과 불행은 소유나 무소유, 신분, 처지, 직업 때문이 아니라 자신의 태도와 생각에 달린 것이다).[9]

Happiness in intelligent people is the rarest thing I know(지적인 사람들은 행복해하지 않는다).[10] 미국 작가 어니스트 헤밍웨이Ernest Hemingway, 1899~1961의 말이다. 지성은 만족보다는 탐구에 욕심을 내야 한다는 의미다.

To believe that if we could but have this or that we would be happy is to suppress the realization that the cause of our unhappiness is in our inadequate and blemished selves. Excessive desire is thus a means of suppressing our sense of worthlessness(이런 저런 것만 있으면 행복해질 것이라고 믿는 것은 불행의 원인이 불완전하고 오염된 자아에 있다는 인식을 억누르는 것이 된다. 따라서 과도한 욕망은 자신이 무가치하다는 느낌을 억누르는 수단이 된다).[11] 미국 작가 에릭 호퍼Eric Hoffer, 1902~1983의 말이다.

My life has no purpose, no direction, no aim, no meaning, and yet I'm happy. I can't figure it out. What am I doing right(내 인생은 목적도, 방향도, 목표도, 의미도 없지만 나는 행복하

다. 이게 어떻게 가능한지 나도 모르겠다. 내
가 이래도 되는 건가)? 미국 만화가 찰
스 슐츠Charles Schulz, 1922~2000의
말이다.

We all live with the
objective of being happy;
our lives are all different
and yet the same(우리는 모두 행복
을 목표로 살아간다. 우리의 삶은 모두 다른 데도
그것만은 같다). 나치 수용소 가스실에서 죽은 유대 소녀 안네 프랑크
Anne Frank, 1929~1945의 말이다.

Happiness is not by chance, but by choice(행복은 우연
이 아닌 선택의 문제다). 미국 기업가 짐 론Jim Rohn, 1930~2009의 말이다.

I'm happier-I guess I made up my mind to be that
way(나는 더 행복해졌다. 그러기로 마음을 먹은 것 같다). 미국 가수 멀 해
거드Merle Haggard, 1937~의 말이다.

Happiness gained by relying on ourselves alone only
makes us stagger(오로지 우리 자신에게 의존하여 얻는 행복은 우리를
비틀거리게 만들 뿐이다).[12] 미국 심리학자 대니얼 길버트Daniel T. Gilbert,
1957~의 말이다. 그가 제시하는 행복의 비법은 다음과 같다.

The most influential thing in human happiness is the
relationship with the people around us. We feel happy
when our relationship with the people around us is
maintained well, and when we are often happy with trivial

things(인간의 행복에 가장 영향을 미치는 것은 주변인과의 관계다. 주변인과의 관계가 원만하게 유지될 때, 사소한 일로도 자주 기뻐할 때 우리는 행복하다고 느낀다).[13]

To foster a society of total happiness is to concoct a culture of fear(완벽하게 행복한 사회를 추구하는 것은 공포 문화를 조장하는 것이다).[14] 미국 영어학자이자 작가인 에릭 윌슨Eric G. Wilson, 1967~의 말이다.

Happiness comes from the intersection of what you love, what you're good at, and what the world needs(행복은 내가 사랑하고, 잘하고, 세상이 원하는 것의 교차점에 있다).[15] 필리핀의 기업가인 올리버 세고비아Oliver Segovia가 2012년 1월 『하버드 비즈니스리뷰』에 기고한 「행복을 얻기 위해선 열정을 잊어라To Find Happiness, Forget About Passion」는 글에서 한 말이다.

우리 인생은
커다란 모자이크와
같다

All life is a struggle in the dark(모든 인생은 어둠 속에서의 투쟁이다).[16] 고대 로마의 시인 루크레티우스Lucretius, B.C.99~B.C.55의 말이다.

Life is a tale, Told by an idiot, full of sound and fury, Signifying nothing(인생은 바보가 전해주는 하나의 이야기처럼 분노만 자아내게 하고 아무도 만족할 수 없는 이야기와 같다).[17] 영국 극작가 윌리엄 셰익스피어William Shakespeare, 1564~1616의 『맥베스Macbeth』에 나오는 말이다. 『맥베스』는 1605~1606년경 셰익스피어의 작품으로, 『햄릿 Hamlet』, 『오셀로Othello』, 『리어왕King Lear』과 더불어 4대 비극으로 알려졌다.

Our lives are like a big mosaic, and we can't recognize them when we're near them. You have to look far away to see how beautiful it is(우리 인생은 커다란 모자이크

와 같아서 가까이에 있으면 제대로 알
아볼 수가 없다. 그것이 얼마나 아름
다운지를 알려면 멀리 떨어져서 봐
야 한다).[18] 독일 철학자 아르투어
쇼펜하우어Arthur Schopenhauer,
1788~1860의 말이다. 영국 출신
으로 미국에서 활동한 희극배우
찰리 채플린Charlie Chaplin, 1889~
1977의 다음 명언도 '인생 모자이
크론'과 통하는 점이 있다. Life
is a tragedy when seen in
close-up, but a comedy in long-shot(인생은 가까이서 보면 비극
이지만 멀리서 보면 희극이다).[19]

　　Life is a voyage(인생은 여행이다).[20] 프랑스 작가 빅토르 위고
Victor Hugo, 1802~1885의 말이다.

　　Life is an ecstasy(인생은 황홀이다).[21] 미국 철학자 랠프 월도
에머슨Ralph Waldo Emerson, 1803~1882의 말이다.

　　Life is too short to be little(인생은 사소해지기에는 너무 짧다).[22]
영국 보수당의 대부격이 되는 정치인인 벤저민 디즈레일리Benjamin
Disraeli, 1804~1881의 말이다.

　　Life is worth living, we can say, since it is what we
make it(인생은 살 만한 가치가 있다. 인생은 자기 하기 나름이기 때문이다).
미국 철학자이자 심리학자인 윌리엄 제임스William James, 1842~1910의
말이다. 실제 대화에선 다음과 같은 식으로 사용할 수 있다.

A : I was devastated when I got my pink slip! It makes me wonder if life is worth living(해고 통지서를 받았을 때는 망연자실했어. 사는 게 뭔지 회의가 들더군).

B : Listen. Life is what you make it. I felt the same way when I got fired from my job, but look at where I'm at now(사는 건 자기 하기 나름이야. 나도 해고되었을 때는 똑같은 심정이었는데 지금의 나를 보라고)![23]

Life is a compromise between fate and free will(인생은 운명과 자유의지 사이의 타협이다).[24] 미국 작가 앨버트 허바드Elbert Hubbard, 1856~1915의 말이다.

If something doest not satisfy you, you do not surprised. That's what we call life(어떠한 무언가가 불만족스럽다면 놀라워하지 마라. 그것이 우리가 삶이라고 부르는 것이다).[25] 정신분석

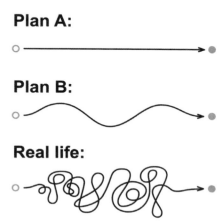

의 창시자인 오스트리아 정신병 리학자 지그문트 프로이트Sigmund Freud, 1856~1939의 말이다.

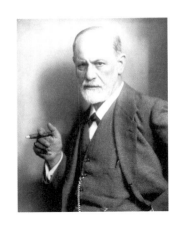

Life isn't about finding yourself. Life is about creating yourself(인생은 자신을 발견하는 것이 아니라 자신을 만들어가 는 것이다).[26] 영국 작가 조지 버나 드 쇼George Bernard Shaw, 1856~1950 의 말이다.

There are two things to aim at in life. First, to get what you want and second is to enjoy it. Only the wisest of mankind achieve the second(인생에서 목표로 삼아야 할 것은 두 가지다. 하나는 원하는 바를 이루는 것, 또 하나는 그것을 즐기는 것이다. 오직 현명한 인간만이 두 번째까지 이루어낸다).[27] 미국 태생의 영국 수필가이자 비평가 로건 피어셀 스미스Logan Pearsall Smith, 1865~1946의 말이다.

It is not that life is hard, but you are making it hard(인 생이 힘든 게 아니라 당신이 인생을 힘들게 만드는 것이다).[28] 오스트리아 정 신의학자 알프레트 아들러Alfred Adler, 1870~1937의 말이다.

Life begins at 40(인생은 40부터다).[29] 미국 작가 월터 핏킨 Walter B. Pitkin, 1878~1953이 1932년에 출간한 책의 제목으로, 이후 나 이에 대한 낙관주의자들의 슬로건이 되었다.

You only live once, but if you do it right, once is enough(인생은 한 번 사는 것, 제대로 살지 못하면 그것으로 끝이다).[30] 미

국의 극작가이자 여배우 메이 웨스트Mae West, 1893~1980의 말이다.

There is not love of life without despair about life(삶에서 절망을 경험하지 않고는 삶을 사랑할 수 없다).[31] 프랑스 작가 알베르 카뮈Albert Camus, 1913~1960의 말이다.

Life itself is a nuisance anyway(어차피 인생 자체는 성가신 일이다).[32] 미국 심리학자 앨버트 엘리스Albert Ellis, 1913~2007의 말이다.

A life is like a garden. Perfect moments can be had, but not preserved, except in memory. LLAP(인생은 정원과 같다. 완벽한 순간은 있을 수 있어도 영원히 보존할 방법은 추억뿐이다. 장수와 번영이 있기를). 미국의 영화배우, 영화감독, 각본가, 성우, 사진작가, 음악가, 시인인 레너드 사이먼 니모이Leonard Simon Nimoy, 1931~2015가 트위터에 남긴 유언이다. 1966년 『스타트렉』에 인간과 외계 종족인 벌컨Vulcan의 혼혈인 미스터 스팍 Spock을 연기하면서 인기를 얻었다. LLAPLive Long and Prosper는 『스타트렉』에 나오는 벌칸족의 인사법이다.[33]

Life is a battle not between Bad and Good, but between Bad and Worse(인생은 나쁨과 좋음 사이의 투쟁이 아니라 나쁨과 더 나쁨 사이의 투쟁이다).[34] 러시아계 미국 시인 조지프 브로드스키Joseph Brodsky, 1940~1996의 말

이다.

Life's a journey. It's a journey about discovering limits(인생은 여행이다. 한계를 발견하는 여정이다).[35] 실리콘밸리의 소프트웨어업체 오라클의 창업자인 래리 엘리슨Larry Ellison, 1944~의 말이다.

Life is 10% of what happens to me and 90% of how I react to it(인생은 10%가 우연이고 90%는 어떻게 살아가느냐로 결정된다).[36] 미국 작가 존 맥스웰John Maxwell, 1947~의 말이다.

I've been looking for you my whole damn life(나는 보이지도 않는 삶을 찾아 헛고생을 하고 있다).[37] 미국 작가 콜린 후버Colleen Hoover, 1979~의 말이다.

사람 사는 게
다 그런
겁니다

on my way to는 '가는 길이다', '하는 중이다'는 뜻으로 어떤 활동을 진행 중이거나 시작할 때 쓴다. 회사에 가는 길이면 "on my way to work", 집에 가는 중이면 "on my way home"이 된다. 'recovery(회복)', 'success(성공)' 등 추상적인 의미의 단어와도 쓸 수 있다. I'm on my way to recovery(회복 중이다). 2022년 7월 미국 대통령 조 바이든Joe Biden, 1942~이 코로나19 확진 닷새 후 기자들과의 화상 대화에서 한 말이다. 물론 증세가 호전되기 시작하니까 쓸 수 있는 말이다.[38]

    in a way는 "어느 정도는, 어떤 면에서는, 즉"이란 뜻으로 쓰인다. It's like family, in a way(어떤 면에서는 가족 같아). We look for people who are passionate about something. In a way, it almost doesn't matter what you're passionate about(우리

는 그저 열정적인 사람들을 찾는다. 즉, 여러분이 어떤 것에 열정적인지는 사실 크게 중요하지 않다).[39] 페이스북 창업자 마크 저커버그Mark Zuckerberg, 1984~의 말이다.

way가 부사로 쓰이면 다른 부사나 전치사를 강조해 "아득히, 멀리, 저쪽으로, 훨씬"이란 뜻이다. way too long은 "너무 긴", way down the road는 "이 길을 쭉 가면 그곳에", a friend from way back은 "아주 옛날부터의 친구", way too heavy는 "훨씬 무거운", way down the road는 "이 길의 훨씬 아래쪽에", stant way above는 "훨씬 위쪽에 있다", Go way는 "저리 가거라"는 뜻이다. That's way too expensive and it isn't really worth it(그건 비싸도 너무 비싸거니와 그만한 값어치가 없다).[40]

have a way of coming true는 '필연적으로 그렇게 된다'
는 것을 강조할 때 널리 사용하는 표현이다. "Wishes have a way
of coming true(뜻이 있으면 반드시 이루어진다)"는 "Dreams come
true(꿈은 이루어진다)"보다 희망적인 말이다. 'Dreams have a way
of coming true', 'Wishes have a way of coming true'와 같
이 말할 수도 있다. 운명을 믿는 사람이라면 'Fate has a way of
coming true(운명 때문에 반드시 그렇게 되고 만다)'처럼 말할 것이고
'Things you say usually have a way of coming true'라고 말
하면 '내뱉는 말은 꼭 현실이 된다', '말이 씨가 된다'는 의미다.[41]

That's the way it is(그게 현실입니다. 세상이 원래 그렇습니다. 세
상일이란 다 그렇고 그런 것입니다. 사람 사는 게
다 그런 겁니다). 미국 CBS 앵커맨 월터
크롱카이트Walter Cronkite, 1916~2009가
늘 뉴스를 마칠 때마다 한 말로, 이
표현은 크롱카이트의 트레이드마크
가 되었다. 원래 크롱카이트가 클로징
멘트closing ment로 "더 자세한 내용은
내일 조간신문을 참조하십시오"라고 말
했다가, 당시 CBS 사장이 이를 문제 삼자 다
시 만든 멘트라고 한다.[42]

한국인이 즐겨 쓰는 'Fighting'은 한국에서만 통용되는
Konglish다. '파이팅'의 용법과 흡사한 표현으론 'That's the way
to go' 또는 'Way to go'가 있다. '잘했어, 해냈어, 이제 됐군'의 뜻
이다. 게다가 'Way to go'는 앞으로도 계속 잘해보라는 격려의 말로

도 쓰인다. 'Solo travel is the way to go'라고 말하면 '여행은 혼자 가야 제맛'이 되고 'Drinking good water is the way to go'는 '좋은 물을 마셔야 건강해진다'는 말이 된다. 'Slow is the way to go'는 '천천히 하는 게 최고'라는 찬사고 격려며 요청이기도 하다. 'Way to go'와 유사한 표현으로 'Well done'도 있다.[43]

Better to ask the way than go astray(아는 길도 물어서 가는 게 낫다). 다음과 같이 말하기도 한다. Better to ask twice than to lose your way once.

Either I will find a way, or I will make one(길을 찾지 못하

면 길을 만들겠다). 영국 시인 필립 시드니 경Sir Philip Sidney, 1554~1586
의 말이다.

Be nice to people on your way up because you'll
meet them on your way down(올라갈 때 만나는 사람들에게 잘하
라. 내려갈 때 만날 사람들이다).[44] 미국 극작가 윌슨 미즈너Wilson Mizner,
1876~1933의 말이다.

법은
거미줄과
같다

An unjust law is no law at all(불의의 법은 법이 아니다). 초기 기독
교 교회의 대표적인 교부敎父이자 사상가인 아우구스티누스Augustinus,
354~430의 말이다. 미국 하버드대학 법대 건물에 들어서면 통로 양쪽
에 교수와 학생들이 추천한 150개 명언 중에서 고른 명언들이 붙어
있는데, 맨 먼저 눈에 띄는 게 바로 이 명언이라고 한다.[45]

   Human law has the nature of law in so far as it
partakes of right reason; and it is clear that, in this
respect, it is derived from the eternal law. But in so far as
it deviates from reason, it is called an unjust law, and has
the nature, not of law but of violence(법의 근본은 이성적 근거가
있는 한 인간의 법을 말하며 그것이 불변의 법이다. 이성적 판단에서 벗어난다
면 불의의 법이고 그것은 법이 아니라 폭력의 법이다).[46] 이탈리아 신학자 토

마스 아퀴나스Thomas Aquinas, 1225~1274의 말이다.

As the usages of society alter, the law must adapt itself to the various situations of mankind(사회의 관습이 바뀌면 법도 그에 맞게 바뀌어야 한다).[47] 18세기 영국 법률가 윌리엄 머리 William Murray, 1705~1793의 말이다.

It is better that ten guilty persons escape, than that one innocent suffer(10명의 죄인을 사법 처리를 못할지라도 1명의 죄 없는 사람이 처벌받아서는 안 된다).[48] 18세기 영국의 법관이자 정치가로 영국 보통법의 권위자였던 윌리엄 블랙스톤William Blackstone, 1723~1780의 말이다.

In law a man is guilty when he violates the rights of others. In ethics he is guilty if he only thinks of doing

so(법에서는 남의 권리를 침해하면 유죄
이지만 도덕적으로는 그런 생각만 해도 잘
못이다).[49] 독일 철학자 이마누엘 칸트
Immanuel Kant, 1724~1804의 말이다.

Laws grind the poor, and
rich men rule the law(법은 가난한
사람들을 못살게 하고, 부자들은 법을 지배
한다).[50] 아일랜드 소설가 올리버 골드
스미스Oliver Goldsmith, 1728~1774의
말이다.

Law is like a cobweb:
it's made for flies and the smaller kinds of insects, so to
speak, but the big bumblebees break through(법은 거미줄과
같아서 파리와 작은 곤충을 잡기 위해 만들어진 것이다. 덩치 큰 호박벌은 그냥
뚫고 지나가버린다).[51] '월스트리트의 무법자'로 불린 미국의 증기선·
철도 개발업자이자 금융가인 대니얼 드루Daniel Drew, 1797~1879의 말
이다.

People say law, but they mean wealth(사람들은 법을 말
하지만 그들이 뜻하는 건 부富다).[52] 미국 철학자 랠프 월도 에머슨Ralph
Waldo Emerson, 1803~1882의 말이다.

You must remember that some things that are
'legally' right are not 'morally' right(어떤 일들이 '법적으로' 옳다
고 해서 '도덕적으로' 옳은 건 아니라는 걸 명심해야 한다).[53] 미국 제16대 대
통령 에이브러햄 링컨Abraham Lincoln, 1809~1865의 말이다.

To make laws that man cannot and will not obey, serves to bring all law into contempt(인간이 지킬 수 없는 법을 만들게 되면 모든 법이 무시받는다).[54] 미국의 여성 인권운동가 엘리자베스 캐디 스탠턴Elizabeth Cady Stanton, 1815~1902의 말이다.

The life of the law has not been logic; it has been experience(법의 실제 적용은 논리가 아니라 경험이다).[55] 미국 연방대법관 올리버 웬들 홈스Oliver Wendell Holmes, Jr., 1841~1935의 말이다.

The law in its majestic equality forbids the rich and poor alike to sleep under the bridges, to beg in the streets, and to steal their bread(평등하다는 법에서조차 부자와 가난한 사람이 똑같이 다리 밑에서 잠잘 수 없도록 하고 거리에서 구걸을 하지 못하게 하며 빵을 훔치지 못하게 한다).[56] 프랑스 작가 아나톨 프랑스Anatole France, 1844~1924의 말이다.

To abolish the fences of laws between men, as tyranny does, means to take away man's liberties and destroy freedom as a living political reality; for the space between men as it is hedged in by laws is the living space of freedom(법의 울타리 보호막을 없애는 것은 실제 정치 현실에서 인간의 자유를 빼앗고 없애는 것이고 전제정치에서나 하는 것이다. 왜냐하면 인간 사이의 자유 공간은 법의 울타리로 정하는 것이고 그것이 실제 자유의 공간이기 때문이다).[57] 미국 정치철학자 해나 아렌트Hannah Arendt, 1906~1975의 말이다.

Bobby wants to practice law,
and I thought he ought to get a
little experience(내 동생 보비가 법률 서
비스를 하고 싶어 하는데, 경험이 좀 필요할 거
라는 게 내 생각이다). 미국 제35대 대통령이
존 F. 케네디John F. Kennedy, 1917~1963가 자
신의 친동생 로버트 케네디Robert Kennedy,
1925~1968를 법무장관에 임명한 것에 대해
비난이 일자 던진 유머다. 여기서 practice
law는 '변호사업을 시작하다'는 관용구이
지만 직역으로는 '법률 지식을 서비스에
활용하다'는 뜻도 된다.[58]

We should never forget that everything Hitler did
in Germany was 'legal' and everything the Hungarian
freedom fighters did in Hungary was 'illegal'(우리는 히틀러가
독일에서 한 모든 일은 '합법적'인 반면 헝가리의 자유 투사들이 헝가리에서 한
모든 일은 '불법적'이었다는 걸 잊지 말아야 한다).[59] 미국의 흑인 민권운동
지도자인 마틴 루서 킹Martin Luther King, Jr., 1929~1968이 1963년 4월
16일 감옥에서 쓴 편지에서 한 말이다.

There are times when
national interest is more
important than the law(국익이 법
보다 중요한 때가 있다).[60] 미국 국무장
관을 지낸 헨리 키신저Henry Kissinger,

1923~2023의 말이다.

There is far too much law for those who can afford it and far too little for those who cannot(가진 자에게는 이용할 법규가 너무나 많은데 법을 지킬 수 없는 사람에게는 법이 없다). 미국 법학자 데릭 복Derek C. Bok, 1930~의 말이다. 그는 미국 사회가 소송 천국이라는 것에 개탄했고 가진 자들이 법을 주무르는 것이 큰 문제라고 비판했다.[61]

Nine-tenths of human law is about possession(법의 10분의 9는 소유에 관한 것이다).[62] 미국 소설가 바버라 킹솔버Barbara Kingsolver, 1955~가 1995년에 출간한 에세이에서 한 말이다. 영국 법을 개혁한 인물로 유명한 대법관 윌리엄 머리William Murray, 1705~1793가 했던 다음 말을 원용한 게 아닌가 싶다. Possession is nine-tenth of the law(소유 문제가 법의 10분의 9를 차지한다).[63]

책은
도끼가
아니다

Don't judge a book by its cover(표지만 보고 책을 판단하지 마라). 사람이나 사물을 외양만 보고 판단하지 말라는 속담이다. Do not make assumptions about something or someone based solely on appearance(겉모습만 보고 어떤 것이나 누군가를 평가하면 안 된다). 이 속담의 패러디로 이런 말도 있다. Never judge a book by its movie(책을 영화로 판단하지 마라).[64]

coffee-table book은 '차 탁자용 책'을 말한다. 꼼꼼히 읽기보다는 그냥 넘겨보도록 만든, 사진과 그림이 많이 실린 크고 비싼 책이다. 이전엔 grand-piano books로 알려지기도 했던 이런 유형의 책은 실내장식 효과와 더불어 방문자들에게 과시할 목적으로 1960년대 초에 등장했다.[65]

A room without books is like a body without a soul(책

이 없는 방은 정신이 없는 육체와 같다). 고대 로마의 철학자 키케로Cicero, B.C.106~B.C.43의 말이다.

Not until 1499, and from the Aldines Press, do we find a book in which each page is numbered in sequence. Well into the sixteenth century, nearly a century after the introduction of typographic printing, many books were still not being paginated, and often the numbering was not correct(1499년에야 알딘 출판에서 비로소 인쇄본에 각 페이지에 차례로 번호가 매겨진 것을 우리는 찾을 수 있다. 활판 인쇄가 소개된 후 거의 한 세기가 지난 16세기에 들어와서도 대부분의 책에는 페이지가 없었고, 있다고 하더라도 번호가 잘못되어 있는 경우가 종종 있었다).[66] 미국 역사가 대니얼 부어스틴Daniel J. Boorstin, 1914~2004이 『발견자들The Discoverers』(1983)에서 한 말이다.

Reading is to the mind what exercise is to the body(몸에 운동이 필요한 것처럼 정신엔 독서가 필요하다). 영국 작가 조지프 애디

슨Joseph Addison, 1672~1719의 말이다.

No entertainment is so cheap as reading, nor any pleasure so lasting(독서만큼 값싼 즐길거리는 없으며, 오래 지속되는 즐거움도 없다). 영국 작가 메리 몬터규Mary Wortley Montagu, 1689~1762의 말이다.

Beware of the man of one book(한 권의 책만 읽은 사람을 조심하라). 토마스 아퀴나스Thomas Aquinas, 1225~1274의 말이다.[67]

A book must be the axe for the frozen sea within us(책은 우리 내면의 얼어붙은 바다를 쪼개는 도끼가 되어야 한다).[68] 체코 소설가 프란츠 카프카Franz Kafka, 1883~1924의 말이다. 광고인 박웅현의 베스트셀러 『책은 도끼다』(2011)에서 인용되어 더욱 유명해진 말이다. 그는 이 책의 서문에서 이렇게 말했다. "내가 읽은 책들은 나의 도끼였다. 나의 얼어붙은 감성을 깨뜨리고 잠자던 세포를 깨우는 도끼. 도끼 자국들은 내 머릿속에 선명한 흔적을 남겼다."[69]

그러나 책이 도끼여야 한다는 건 희망사항일 뿐 많은 사람에게 이제 더는 현실은 아니다. I can't get my students to read whole books anymore(더는 학생들에게 책 한 권을 다 읽게 할 수 없어요). 미국 듀크대학의 영문학자 캐서린 해일스Katherine Hayles가 2008년에 한 말이다.[70] 학생만 그런 건 아니다. 교수도 마찬가지다.

I now have almost totally lost the ability to read and absorb a longish article on the web or in print(나는 종이 매체 또는 인터넷에서조차 장문의 기사를 읽는 능력을 완전히 잃어버렸다). 의료 영역에서 컴퓨터 사용에 대한 블로그를 운영하는 미시간대학 의대 병리학자 브루스 프리드먼Bruce Friedman의 말이다. 프리드먼은 『생각하지

않는 사람들: 인터넷이 우리의 뇌 구조를 바꾸고 있다』(2010)의 저자
인 니컬러스 카Nicholas Carr와의 전화 통화에선 다음과 같이 말했다.

I can't read 『War and Peace』 anymore. I've lost the
ability to do that. Even a blog post of more than three or
four paragraphs is too much to absorb. I skim it(저는 더는 『전

쟁과 평화』와 같은 책을 읽을 수가 없습니다. 그럴 능력을 잃어버렸어요. 서너
단락이 넘는 블로그 글조차도 집중하기 어려워요. 그냥 쓱 보고 말죠).[71]

　　"Maybe we can get some bookings(예약 좀 들어오겠어)."
소련 공산당 서기장 미하일 고르바초프Mikhail Gorbachev, 1931~2022
는 1987년 미국을 방문했을 때 백악관 만찬에서 피아니스트 밴 클라
이번Van Cliburn, 1934~2013의 반주에 맞춰 즉석에서 소련인들의 애창
곡 〈Moscow Nights(모스크바의 밤)〉를 불렀다. 밴 클라이번은 소련
에서 열린 제1회 차이콥스키 국제 음악콩쿠르에서 우승해 미국은 물
론 소련에서도 널리 알려진 연주자였다. 객석에서 박수가 터지자 미
국 대통령 로널드 레이건Ronald Reagan, 1911~2004이 이와 같은 찬사
를 보냈다. 예약엔 'booking(부킹)'과 'reservation(레저베이션)'이
있는데, 이 둘은 이런 차이가 있다. 'reservation'은 금전적 거래 없

이 진행되는 예약을 말하지만, '장부에 기재하다'는 의미에서 출발한 'booking'은 예약금을 거는 형태의 예약을 말한다.[72]

예약 손님이 나타나지 않는 노쇼no-show가 많은 한국에선 각종 서비스 업체들이 노쇼로 인한 손실을 벌충하기 위해 정원 15~20퍼센트를 초과해서 받는 '오버부킹overbooking'을 관행처럼 하고 있어 자주 논란을 빚기도 한다. 2015년 10월『조선일보』와 현대경제연구원이 식당, 미용실, 개인 병원 등 3개 서비스 부문 25개 사업장을 조사한 결과 오버부킹 비율이 평균 15퍼센트에 달했다. 병원은 15퍼센트, 식당은 15~20퍼센트, 미용실은 10퍼센트였다.[73]

소설가이자 번역 전문가인 안정효의『안정효의 오역 사전』(2013)에 따르면, 국내 상영된 어느 미국 영화에선 keep books가 '책을 갖다'로 오역誤譯이 되었는데, 그런 뜻이 아니라 '장부에 기록하다'는 뜻이다. "I am a bookkeeper"도 "도서관에서 일합니다"로 번역이 되었는데, 그게 아니라 '장부를 담당하는 사람' 즉 '부기계원簿記係員'을 말한다.[74]

주

머리말   왜 오바마는 '개 호루라기 언어'를 썼을까?

1   https://blog.naver.com/rational_insanity/222567617673.
2   임귀열, 「[임귀열 영어] Dog-whistle language or coded words(편 가르기식 정치 언어)」, 『한국일보』, 2012년 11월 9일.
3   정미경, 「[정미경의 이런영어 저런미국] 백악관에는 대통령보다 인기 있는 존재가 산다」, 『동아일보』, 2023년 6월 17일.
4   홍형진, 「'퍼피독' 서비스에 대한 반감」, 『한겨레』, 2015년 12월 7일.
5   Harry Oliver, 『Bees' Knees and Barmy Armies』(London: Metro, 2008), p.34.
6   이하원, 「[만물상] '개집 방식(doghouse approach)'」, 『조선일보』, 2017년 11월 15일.
7   팀 알퍼, 「[팀 알퍼의 한국 일기] 英語의 '개처럼 지쳤다'는 욕이 아니라 칭찬」, 『조선일보』, 2018년 3월 27일.

제1장   창의성 · 경험 · 행동

1   조승연, 「[인문학으로 배우는 비즈니스 영어] creative」, 『조선일보』, 2014년 8월

23일.

2 레이먼드 윌리엄스(Raymond Williams), 김성기 · 유리 옮김, 『키워드』(민음사, 1983/2010), 116~117쪽.

3 임귀열, 「[임귀열 영어] Imagination will take you everywhere(상상의 날개)」, 『한국일보』, 2011년 10월 4일.

4 Julia Vitullo-Martin & J. Robert Moskin, 『Executive's Book of Quotations』(New York: Oxford University Press, 1994), p.73.

5 김태현, 『타인의 속마음, 심리학자들의 명언 700』(리텍콘텐츠, 2020), 273, 277쪽.

6 Raymond Williams, 『Culture』(London: Fontana Books, 1981), p.54.

7 데이비드 오길비(David Ogilvy), 최경남 옮김, 『광고 불변의 법칙』(거름, 1983/ 2004), 39~41쪽; David Ogilvy, 『Ogilvy on Advertising』(New York: Vintage Books, 1983/1985), p.24.

8 유재명, 「창의성만 기대는 건 '아마추어'…노력 더해야 '프로'」, 『한겨레』, 2013년 7월 3일.

9 James B. Twitchel, 『Branded Nation: The Marketing of Megachurch, College Inc., and Museumworld』(New York: Simon & Schuster, 2004/ 2005), p.200; 제임스 트위첼(James B. Twitchel), 토탈브랜드코리아 옮김, 『대학 교회 박물관의 브랜드 마케팅 스토리』(김앤김북스, 2004/2007), 302쪽.

10 김태현, 『타인의 속마음, 심리학자들의 명언 700』(리텍콘텐츠, 2020), 272~273쪽.

11 정원식, 「비판 · 창의력 높으면 서울대 A+ 학점 받기 힘들다?」, 『경향신문』, 2014년 10월 22일.

12 레이먼드 윌리엄스(Raymond Williams), 김성기 · 유리 옮김, 『키워드』(민음사, 1983/2010), 181~185쪽.

13 하임숙, 「[커버스토리] 우린 인스피리언스族」, 『동아일보』, 2007년 8월 31일; 김현진, 「'메이드 바이 미 열풍: 밖은 왠지 불안해…내 집에서 내가 만든다」, 『조선일보』, 2008년 4월 15일.

14 Julia Vitullo-Martin & J. Robert Moskin, 『Executive's Book of Quotations』(New York: Oxford University Press, 1994), p.108.

15 Robert I. Fitzhenry, ed., 『The Harper Book of Quotations』(New York: HarperPerennial, 1993), p.149.

16 Lewis C. Henry, ed., 『Best Quotations for All Occasions』(New York: Fawcett Premier, 1986), p.134.

17 Lewis C. Henry, ed., 『Best Quotations for All Occasions』(New York: Fawcett Premier, 1986), p.134.

18 Donald O. Bolander, ed., 『Instant Quotation Dictionary』(Little Falls, NJ: Career Publishing, 1981), p.108.

19 Margaret Miner & Hugh Rawson, eds., 『The New International Dictionary of Quotations』, 3rd ed.(New York: A Signet Book, 2000), p.140.

20 Robert I. Fitzhenry, ed., 『The Harper Book of Quotations』(New York: HarperPerennial, 1993), p.151.

21 Robert I. Fitzhenry, ed., 『The Harper Book of Quotations』(New York: HarperPerennial, 1993), p.151.

22 Robert I. Fitzhenry, ed., 『The Harper Book of Quotations』(New York: HarperPerennial, 1993), p.150.

23 Scott Collins, 『Crazy Like a Fox: The Inside Story of How Fox News Beat CNN』(New York: Portfolio, 2004), p.34.

24 정미경, 「[정미경의 이런영어 저런미국] 암투병 '블랙 팬서'가 명문대 졸업생에 강조한 이 말」, 『동아일보』, 2023년 4월 29일.

25 김아진, 「대기업 임원에서 스타트업 인턴으로…"과거의 나에 집착 안 해"」, 『조선일보』, 2023년 11월 18일.

26 스콧 샘슨(Scott D. Sampson), 「경험의 멸종」, 존 브록만(John Brockman) 엮음, 최완규 옮김, 『우리는 어떻게 바뀌고 있는가: 지식의 미래에서 보내온 세계 최고 석학들의 경고와 전망』(책읽는수요일, 2011/2013), 356쪽.

27 James B. Twitchel, 『Branded Nation: The Marketing of Megachurch, College Inc., and Museumworld』(New York: Simon & Schuster, 2004/ 2005), p.43; 제임스 트위첼(James B. Twitchel), 토탈브랜드코리아 옮김, 『대학 교회 박물관의 브랜드 마케팅 스토리』(김앤김북스, 2004/2007), 66쪽.

성공 명언 1001 영한대역』(쌤앤파커스, 2006/2007), 28쪽.

51 롤프 도벨리(Rolf Dobelli), 두행숙 옮김,『스마트한 생각들: 사람의 마음을 움직이는 52가지 심리 법칙』(걷는나무, 2011/2012), 110~111쪽.

52 롤프 도벨리(Rolf Dobelli), 두행숙 옮김,『스마트한 생각들: 사람의 마음을 움직이는 52가지 심리 법칙』(걷는나무, 2011/2012), 113~114쪽; 강준만,「왜 대학입시 제도는 3년 10개월마다 '성형수술'을 할까?: 행동 편향」,『감정 독재: 세상을 꿰뚫는 50가지 이론』(인물과사상사, 2013), 19~24쪽 참고.

53 정미경,「[정미경의 이런영어 저런미국] 정초부터 불륜이 들통났던 대통령이 있다?」,『동아일보』, 2023년 1월 7일.

54 Charles Earle Funk,『A Hog on Ice and Other Curious Expressions』(New York: HarperResource, 2001), pp.139~140; Rosemarie Ostler,『Let's Talk Turkey: The Stories behind America's Favorite Expressions』(New York: Prometheus Books, 2008), pp.82~83.

55 임귀열,「[임귀열 영어] Quotes on Election(선거 관련 어록들)」,『한국일보』, 2012년 12월 19일.

56 김태현,『타인의 속마음, 심리학자들의 명언 700』(리텍콘텐츠, 2020), 178쪽.

57 Tal Ben-Shahar,『The Pursuit of Perfect』(New York: McGraw Hill, 2009), p.51.

58 임귀열,「[임귀열 영어] Life has a cause(인생은 인과응보의 필연)」,『한국일보』, 2011년 3월 2일.

59 Warren G. Bennis,『Why Leaders Can't Lead: The Unconscious Conspiracy Continues』(San Francisco, CA: Jossey-Bass Publishers, 1989), p.150.

60 정미경,「[정미경의 이런영어 저런미국] 정초부터 불륜이 들통났던 대통령이 있다?」,『동아일보』, 2023년 1월 7일.

61 김태현,『타인의 속마음, 심리학자들의 명언 700』(리텍콘텐츠, 2020), 236쪽.

62 David Cottrell,『Listen Up, Leader!: Pay Attention, Improve, and Guide』, 2nd ed.(Dallas, Texas: The WALK THE TALK Co., 2000), p.25.

63 여준상,「[Weekly BIZ] 너무 많은 선택지는 毒…소비자는 간단한 걸 원한다」,『조선일보』, 2014년 7월 26일;「포르쉐」,『나무위키』.

64 셸던 월린(Sheldon S. Wolin), 우석영 옮김, 『이것을 민주주의라고 말할 수 있을까?: 관리되는 민주주의와 전도된 전체주의의 유령』(후마니타스, 2008/2013), 162~163쪽.

제2장 야망·명성·성공

1 해럴드 힐먼(Harold Hilman), 김고명 옮김, 『사기꾼증후군: 불안과 우울 뒤에 감춰진 승자들의 심리학』(새로운현재, 2013/2014), 19~20쪽.

2 Leonard Roy Frank, ed., 『Quotationary』(New York: Random House, 2010), p.27.

3 전경갑, 『욕망의 통제와 탈주: 스피노자에서 들뢰즈까지』(한길사, 1999), 47쪽.

4 David Brooks, 『Bobos in Paradise: The New Upper Class and How They Got There』(New York: Simon & Schuster, 2000), pp.63~64; 데이비드 브룩스(David Brooks), 형선호 옮김, 『보보스: 디지털 시대의 엘리트』(동방미디어, 2000/2001), 69~70쪽.

5 태혜숙, 『다인종 다문화 시대의 미국문화 읽기』(이후, 2009).

6 Leonard Roy Frank, ed., 『Quotationary』(New York: Random House, 2010), p.27.

7 David Brooks, 『Bobos in Paradise: The New Upper Class and How They Got There』(New York: Simon & Schuster, 2000), p.153; 데이비드 브룩스(David Brooks), 형선호 옮김, 『보보스: 디지털 시대의 엘리트』(동방미디어, 2000/2001), 169쪽.

8 Leonard Roy Frank, ed., 『Quotationary』(New York: Random House, 2010), p.26.

9 Joyce Park, 「[Joyce의 세상물정 영어] Hitch your wagon to a star-제대로 성공하고 싶다면」, 『넥스트데일리』, 2016년 5월 25일.

10 「윌리엄 스미스 클라크」, 『나무위키』.

11 Leonard Roy Frank, ed., 『Quotationary』(New York: Random House, 2010), p.28.

12 Leonard Roy Frank, ed., 『Quotationary』(New York: Random House,

2010), p.26.

13 Julia Vitullo-Martin & J. Robert Moskin, 『Executive's Book of Quotations』(New York: Oxford University Press, 1994), p.18.

14 Joyce Park, 「[Joyce의 세상물정 영어] Hitch your wagon to a star-제대로 성공하고 싶다면」, 『넥스트데일리』, 2016년 5월 25일.

15 Peter Archer, ed., 『Quotable Intellectual』(Avon, MA: Adams Media, 2010), p.171.

16 Peter Archer, ed., 『Quotable Intellectual』(Avon, MA: Adams Media, 2010), p.171.

17 Peter Archer, ed., 『Quotable Intellectual』(Avon, MA: Adams Media, 2010), p.170.

18 Peter Archer, ed., 『Quotable Intellectual』(Avon, MA: Adams Media, 2010), p.170.

19 Leonard Roy Frank, ed., 『Quotationary』(New York: Random House, 2010), p.268.

20 미하엘 코르트(Michael Korth), 권세훈 옮김, 『광기에 관한 잡학사전』(을유문화사, 2003/2009), 191~194쪽.

21 Peter Archer, ed., 『Quotable Intellectual』(Avon, MA: Adams Media, 2010), p.170.

22 Peter Archer, ed., 『Quotable Intellectual』(Avon, MA: Adams Media, 2010), p.173.

23 Cooper Lawrence, 『The Cult of Celebrity: What Our Fascination with the Stars Reveals About Us』(Guilford, Conn.: skirt!, 2009), pp.149~165.

24 Drew Pinsky & S. Mark Young, 『The Mirror Effect: How Celebrity Narcissism Is Seducing America』(New York: Harper, 2009), pp.43~58.

25 Leonard Roy Frank, ed., 『Quotationary』(New York: Random House, 2010), p.269.

26 Leonard Roy Frank, ed., 『Quotationary』(New York: Random House, 2010), p.268.

27 Todd Gitlin, 『The Whole World Is Watching: Mass Media in the Making and Unmaking of the New Left』(Berkeley: University of California Press, 1980), p.148.

28 정혜신, 『남자 vs 남자: 남성 심리 전문가 정혜신 박사의 본격 심리 평전』(개마고원, 2001), 19~20쪽.

29 「Francis Fukuyama」, 『Current Biography』, 62:6(June 2001), p.30.

30 김병관·박지원, 「"기침만 해도 뉴스 되는 '셀럽'"…與, 한동훈 역할론 부상」, 『세계일보』, 2023년 11월 19일.

31 필립 코틀러(Philip Kotler) 외, 방영호 옮김, 『필립 코틀러 퍼스널 마케팅』(위너스북, 2006/2010), 43쪽.

32 김대식, 『김대식의 빅퀘스천: 우리 시대의 31가지 위대한 질문』(동아시아, 2014), 180쪽.

33 Neil Postman, 『Amusing Ourselves to Death: Public Discourse in the Age of Show Business)』(New York: Penguin Books, 1985), p.133; 닐 포스트먼(Neil Postman), 홍윤선 옮김, 『죽도록 즐기기』(굿인포메이션, 1985/ 2009), 206쪽.

34 Leonard Roy Frank, ed., 『Quotationary』(New York: Random House, 2010), p.87.

35 정미경, 「[정미경의 이런영어 저런미국] 대통령도 머리 숙이게 만든 '개념' 셀럽들」, 『동아일보』, 2022년 8월 27일.

36 정미경, 「[정미경의 이런영어 저런미국] 대통령도 머리 숙이게 만든 '개념' 셀럽들」, 『동아일보』, 2022년 8월 27일.

37 Margaret Miner & Hugh Rawson, eds., 『The New International Dictionary of Quotations』, 3rd ed.(New York: A Signet Book, 2000), p.154; Max Cryer, 『Common Phrases』(New York: Skyhorse, 2010), p.96.

38 데이비드 즈와이그(David Zweig), 박슬라 옮김, 『인비저블: 자기 홍보의 시대, 과시적 성공 문화를 거스르는 조용한 영웅들』(민음인, 2014/2015), 349쪽.

39 클라이브 톰슨(Clive Thompson), 이경남 옮김, 『생각은 죽지 않는다』(알키, 2013/2015), 340쪽.

40 데이비드 즈와이그(David Zweig), 박슬라 옮김, 『인비저블: 자기 홍보의 시

대, 과시적 성공 문화를 거스르는 조용한 영웅들』(민음인, 2014/2015), 23쪽.

41 데이비드 즈와이그(David Zweig), 박슬라 옮김, 『인비저블: 자기 홍보의 시대, 과시적 성공 문화를 거스르는 조용한 영웅들』(민음인, 2014/2015), 23~24쪽.

42 알랭 드 보통(Alain de Botton), 『뉴스의 시대: 뉴스에 대해 우리가 알아야 할 모든 것』(문학동네, 2014), 205~206쪽.

43 Peter Archer, ed., 『Quotable Intellectual』(Avon, MA: Adams Media, 2010), p.172; Leonard Roy Frank, ed., 『Quotationary』(New York: Random House, 2010), p.27.

44 임귀열, 「[임귀열 영어] Different Quotes on Success(성공의 현대식 어록)」, 『한국일보』, 2012년 3월 28일.

45 Ambrose Bierce, 『The Devil's Dictionary』(New York: Bloomsbury, 1906/2008), p.144; 앰브로즈 비어스(Ambrose Bierce), 정시연 옮김, 『악마의 사전』(이른아침, 1906/2005), 112쪽.

46 「unpardonable」, 『네이버 영어』.

47 Tal Ben-Shahar, 『The Pursuit of Perfect』(New York: McGraw Hill, 2009), p.133.

48 임귀열, 「[임귀열 영어] Different Quotes on Success(성공의 현대식 어록)」, 『한국일보』, 2012년 3월 28일.

49 존 트림블(John R. Trimble), 이창희 옮김, 『살아 있는 글쓰기: 짧게 쉽게 재미있게 전략적 글쓰기』(이다미디어, 2000/2011), 134쪽.

50 임귀열, 「[임귀열 영어] Money and Women」, 『한국일보』, 2014년 9월 10일.

51 임귀열, 「[임귀열 영어] Do what you love(기왕 하는 일은 즐겁게)」, 『한국일보』, 2015년 3월 4일.

52 「Sassoon, Vidal」, 『Current Biography』, 60:4(April 1999), p.50.

53 Robert H. Frank & Philip J. Cook, 『The Winner-Take-All Society: Why the Few at the Top Get So Much More Than the Rest of Us』(New York: Penguin Books, 1995/1996), p.36.

54 임귀열, 「[임귀열 영어] Different Quotes on Success(성공의 현대식 어록)」, 『한국일보』, 2012년 3월 28일.

55 김대균, 「[김대균의 영어산책] 유명 스포츠 스타들의 명언으로 공부하는 영어」,

『Korea Herald』, 2023년 11월 17일.

56 「해외 여성: '마돈나 성공 비결은 꼼꼼함'」, 『조선일보』, 1991년 12월 7일, 9면.

57 김대균, 「[김대균의 영어산책] 억만장자(billionaire)들의 명언으로 배우는 영어공부」, 『Korea Herald』, 2023년 10월 27일.

58 김태현, 『타인의 속마음, 심리학자들의 명언 700』(리텍콘텐츠, 2020), 29~30, 34쪽.

59 Christine Ammer, 『The Facts on File Dictionary of Clichés』(New York: Checkmark Books, 2001), p.447; 「fail」, 『시사영어사/랜덤하우스 영한대사전』(시사영어사, 1991), 800쪽.

60 안정효, 『안정효의 오역 사전』(열린책들, 2013), 269쪽.

61 톰 켈리(Tom Kelley)·데이비드 켈리(David Kelley), 박종성 옮김, 『유쾌한 크리에이티브: 어떻게 창조적 자신감을 이끌어낼 것인가』(청림출판, 2013/2014), 72 ~73쪽.

62 선안남, 『행복을 부르는 자존감의 힘』(소울메이트, 2011), 80쪽.

63 토머스 빌로드(Thomas J. Vilord) 엮음, 『Great Words of Great Minds: 성공 명언 1001 영한대역』(쌤앤파커스, 2006/2007), 490쪽.

64 Donald O. Bolander, ed., 『Instant Quotation Dictionary』(Little Falls, NJ: Career Publishing, 1981), p.110.

65 김태현, 『세상의 통찰: 철학자들의 명언 500』(리텍콘텐츠, 2020), 39쪽.

66 정미경, 「[정미경의 이런영어 저런미국] "모든 책임은 온전히 나의 것입니다"」, 『동아일보』, 2022년 11월 12일.

67 Robert W. Fuller, 『Somebodies and Nobodies: Overcoming the Abuse of Ranks』(Gabriola Island, Canada: New Society Publishers, 2003/ 2004), p.92; 로버트 풀러(Robert W. Fuller), 안종설 옮김, 『신분의 종말: '특별한 자'와 '아무것도 아닌 자'의 경계를 넘어서』(열대림, 2003/2004), 190쪽.

68 Julia Vitullo-Martin & J. Robert Moskin, 『Executive's Book of Quotations』(New York: Oxford University Press, 1994), p.111.

69 Julia Vitullo-Martin & J. Robert Moskin, 『Executive's Book of Quotations』(New York: Oxford University Press, 1994), p.111.

70 토머스 빌로드(Thomas J. Vilord) 엮음, 『Great Words of Great Minds:

성공 명언 1001 영한대역』(쌤앤파커스, 2006/2007), 530쪽.

71 토머스 빌로드(Thomas J. Vilord) 엮음, 『Great Words of Great Minds: 성공 명언 1001 영한대역』(쌤앤파커스, 2006/2007), 17쪽.

72 토머스 빌로드(Thomas J. Vilord) 엮음, 『Great Words of Great Minds: 성공 명언 1001 영한대역』(쌤앤파커스, 2006/2007), 493쪽.

73 Julia Vitullo-Martin & J. Robert Moskin, 『Executive's Book of Quotations』(New York: Oxford University Press, 1994), p.111.

74 Julia Vitullo-Martin & J. Robert Moskin, 『Executive's Book of Quotations』(New York: Oxford University Press, 1994), p.110.

75 토머스 빌로드(Thomas J. Vilord) 엮음, 『Great Words of Great Minds: 성공 명언 1001 영한대역』(쌤앤파커스, 2006/2007), 580쪽.

76 김대균, 「[김대균의 영어산책] 억만장자(billionaire)들의 명언으로 배우는 영어공부」, 『Korea Herald』, 2023년 10월 27일.

77 김대균, 「[김대균의 영어산책] 억만장자(billionaire)들의 명언으로 배우는 영어공부」, 『Korea Herald』, 2023년 10월 27일.

78 김대균, 「[김대균의 영어산책] 유명 스포츠 스타들의 명언으로 공부하는 영어」, 『Korea Herald』, 2023년 11월 17일.

79 김태현, 『실리콘밸리 천재들의 생각 아포리즘』(리텍콘텐츠, 2023), 75쪽.

제3장 사랑·결혼·죽음

1 황석희, 「[황석희의 영화 같은 하루] [125] By how much we love」, 『조선일보』, 2023년 6월 10일.

2 Tal Ben-Shahar, 『The Pursuit of Perfect』(New York: McGraw Hill, 2009), p.199; 탈 벤-샤하르(Tal Ben-Shahar), 노혜숙 옮김, 『완벽의 추구』(위즈덤하우스, 2009/2010), 264쪽.

3 김태현, 『세상의 통찰: 철학자들의 명언 500』(리텍콘텐츠, 2020), 201~202쪽.

4 세이노, 『세이노의 가르침: 피보다 진하게 살아라』(데이원, 2023), 484쪽; 「에드워드 8세」, 『나무위키』.

5 김태현, 『타인의 속마음, 심리학자들의 명언 700』(리텍콘텐츠, 2020),

105~106쪽.

6   Tal Ben-Shahar, 『The Pursuit of Perfect』(New York: McGraw Hill, 2009), p.152; 탈 벤-샤하르(Tal Ben-Shahar), 노혜숙 옮김, 『완벽의 추구』 (위즈덤하우스, 2009/2010), 211~212쪽.

7   정미경, 「[정미경의 이런영어 저런미국] 대통령 만찬은 건배사도 비교 대상이 된다」, 『동아일보』, 2023년 3월 25일.

8   https://blog.naver.com/5082/222792764639.

9   강헌, 「[강헌의 히스토리 인 팝스] [173] '테일러노믹스' Taylor Swift 'Don't Blame Me'(2017)」, 『조선일보』, 2023년 8월 7일.

10 김대균, 「[김대균의 영어산책] Joe Biden 대통령이 marry up이라고 말했다고? Oh! No!」, 『Korea Herald』, 2022년 6월 3일.

11 홍석희, 「바이든 "尹과 난 married up한 남자들" 무슨 뜻?」, 『헤럴드경제』, 2022년 5월 22일.

12 김대균, 「[김대균의 영어산책] Joe Biden 대통령이 marry up이라고 말했다고? Oh! No!」, 『Korea Herald』, 2022년 6월 3일.

13 대럴 웨스트(Darrell M. West), 홍지수 옮김, 『부자들은 왜 그리고 어떻게 민주주의를 사랑하는가』(원더박스, 2014/2016), 44쪽.

14 Leonard Roy Frank, ed., 『Quotationary』(New York: Random House, 2010), p.491.

15 Leonard Roy Frank, ed., 『Quotationary』(New York: Random House, 2010), p.491.

16 Leonard Roy Frank, ed., 『Quotationary』(New York: Random House, 2010), p.491.

17 Leonard Roy Frank, ed., 『Quotationary』(New York: Random House, 2010), p.491.

18 John M. Gottman & Nan Silver, 『The Seven Principles for Making Marriage Work』(New York: Three Rivers Press, 1999), p.4.

19 John M. Gottman & Nan Silver, 『The Seven Principles for Making Marriage Work』(New York: Three Rivers Press, 1999), p.131.

20 「Laura Bush」, 『Current Biography』, 62:6(June 2001), p.13.

21 「dead」, 『시사영어사/랜덤하우스 영한대사전』(시사영어사, 1991), 578쪽.

22 정미경, 「[정미경의 이런영어 저런미국] '동물보다 못 하다'는 말을 들은 美 대통령이 있다?!」, 『동아일보』, 2022년 9월 10일.

23 마이클 킴멜(Michael S. Kimmel), 「남성은 무엇을 바라는가」, 스튜어트 프리드먼(Stewart D. Friedman) 외, 이상욱 옮김, 『회사와 개인생활의 조화』(21세기북스, 1998/2002), 193쪽.

24 「deadbeat」, 『네이버 영어사전』.

25 김광기, 『우리가 아는 미국은 없다』(동아시아, 2011), 65쪽.

26 이원재, 「'막다른 일자리'를 대하는 우리의 자세」, 『한겨레』, 2015년 5월 20일.

27 「dead-end」, 『시사영어사/랜덤하우스 영한대사전』(시사영어사, 1991), 578쪽.

28 「dead end」, 『시사영어사/랜덤하우스 영한대사전』(시사영어사, 1991), 578쪽.

29 Jordan Almond, 『Dictionary of Word Origins: A History of the Words, Expressions, and Cliches We Use』(Secaucus, NJ: Citadel Press, 1997), p.71.

30 Christine Ammer, 『The Facts on File Dictionary of Clichés』(New York: Checkmark Books, 2001), p.91.

31 Donald O. Bolander, ed., 『Instant Quotation Dictionary』(Little Falls, NJ: Career Publishing, 1981), p.74.

32 제러미 홀든(Jeremy D. Holden), 이경식 옮김, 『팬덤의 경제학: 약자가 강자를 이기는 새로운 게임의 법칙』(책읽는수요일, 2012/2013), 311쪽.

33 헬렌 피셔(Helen E. Fisher), 최소영 옮김, 『왜 사람은 바람을 피우고 싶어할까: 사랑과 배신의 진화심리학』(21세기북스, 1992/2009), 203쪽.

34 오민석, 「사랑의 재발명」, 『중앙일보』, 2019년 7월 2일, 28면.

35 윤희영, 「[윤희영의 News English] 가을아! 영문 이름이 fall이야, autumn이야?」, 『조선일보』, 2022년 10월 6일.

36 서옥식 편저, 『오역의 제국: 그 거짓과 왜곡의 세계』(도리, 2013), 462~463쪽.

37 파고다 어학원, 「[Gina-lish](1212) In free-fall」, 『경향신문』, 2014년 9월 22일.

38 정미경, 「[정미경의 이런영어 저런미국] 암투병 '블랙 팬서'가 명문대 졸업생에 강조한 이 말」, 『동아일보』, 2023년 4월 29일.

39 Leonard Roy Frank, ed., 『Quotationary』(New York: Random House, 2010), p.627.

40 Leonard Roy Frank, ed., 『Quotationary』(New York: Random House, 2010), p.944.

41 Leonard Roy Frank, ed., 『Quotationary』(New York: Random House, 2010), p.945.

42 Richard Wolffe, 『Renegade: The Making of a President』(New York: Three Rivers Press, 2009), pp.60~62.

43 Christine Ammer, 『The Facts on File Dictionary of Clichés』(New York: Checkmark Books, 2001), p.114.

제4장 두려움 · 배신 · 책임

1   안토니 프랫카니스(Anthony R. Pratkanis) · 엘리엇 아론슨(Elliot Aronson), 윤선길 외 옮김, 『프로파간다 시대의 설득 전략』(커뮤니케이션북스, 2001/2005), 220쪽.

2   Barry Glassner, 『The Culture of Fear: Why Americans Are Afraid of the Wrong Things』(New York: Basic Books, 1999), p.xxxvi; 배리 글래스너(Barry Glassner), 연진희 옮김, 『공포의 문화』(부광, 1999/2005), 32쪽.

3   Robert I. Fitzhenry, ed., 『The Harper Book of Quotations』(New York: HarperPerennial, 1993), p.158.

4   Leonard Roy Frank, ed., 『Quotationary』(New York: Random House, 2010), p.278.

5   Margaret Miner & Hugh Rawson, eds., 『The New International Dictionary of Quotations』, 3rd ed.(New York: A Signet Book, 2000), p.150.

6   김태현, 『타인의 속마음, 심리학자들의 명언 700』(리텍콘텐츠, 2020), 27쪽.

7   Margaret Miner & Hugh Rawson, eds., 『The New International Dictionary of Quotations』, 3rd ed.(New York: A Signet Book, 2000), p.150.

8   Eric Hoffer, 『The Passionate State of Mind and other aphorisms』

(New York: Perennial Library, 1955/1968), p.33.

9   Barry Glassner, 『The Culture of Fear: Why Americans Are Afraid of the Wrong Things』(New York: Basic Books, 1999), p.xxxvi: 배리 글래스너(Barry Glassner), 연진희 옮김, 『공포의 문화』(부광, 1999/2005), 32쪽.

10 Donald O. Bolander, ed., 『Instant Quotation Dictionary』(Little Falls, NJ: Career Publishing, 1981), p.115.

11 김태현, 『타인의 속마음, 심리학자들의 명언 700』(리텍콘텐츠, 2020), 156쪽.

12 Barry Glassner, 『The Culture of Fear: Why Americans Are Afraid of the Wrong Things』(New York: Basic Books, 1999), p.xx: 배리 글래스너(Barry Glassner), 연진희 옮김, 『공포의 문화』(부광, 1999/2005), 9쪽.

13 Arianna Huffington, 『On Becoming Fearless』(New York: Little, Brown Co., 2006), p.117: 아리아나 허핑턴(Arianna Huffington), 이현주 옮김, 『담대하라, 나는 자유다』(해냄, 2006/2012), 79쪽.

14 안재승, 「비트코인 광풍과 포모증후군」, 『한겨레』, 2018년 1월 15일; 정미경, 「[정미경의 이런영어 저런미국] 백악관도 씁니다, "국설 라방 많관부~"」, 『동아일보』, 2023년 2월 4일.

15 이상렬 외, 「피어볼라…"미, 유행병처럼 공포 번져"」, 『중앙일보』, 2014년 10월 17일; 손제민, 「미 '피어볼라(Fear + Ebola)'…지하철 재채기에도 '화들짝'」, 『경향신문』, 2014년 10월 18일.

16 페이터 리트베르헨(Peter Rietbergen), 정지창·김경한 옮김, 『유럽 문화사(하)』(지와 사랑, 1998/2003), 206쪽.

17 김태현, 『타인의 속마음, 심리학자들의 명언 700』(리텍콘텐츠, 2020), 150쪽.

18 Julia Vitullo-Martin & J. Robert Moskin, 『Executive's Book of Quotations』(New York: Oxford University Press, 1994), p.33.

19 임귀열, 「[임귀열 영어] Betrayal is~(배신은)」, 『한국일보』, 2011년 9월 1일.

20 오효진, 『인터뷰의 황제가 되는 길』(월간조선사, 2004), 209쪽.

21 임귀열, 「[임귀열 영어] Betrayal is~(배신은)」, 『한국일보』, 2011년 9월 1일.

22 임귀열, 「[임귀열 영어] Betrayal is~(배신은)」, 『한국일보』, 2011년 9월 1일.

23 임귀열, 「임귀열 영어」, 『한국일보』, 2010년 8월 11일.

24 「Betrayal (play)」, 『Wikipedia』.

25 주디스 슈클라(Judith N. Shklar), 사공일 옮김, 『일상의 악덕』(나남, 1984/2011), 235쪽.

26 임귀열, 「[임귀열 영어] Betrayal is~(배신은)」, 『한국일보』, 2011년 9월 1일.

27 임귀열, 「[임귀열 영어] Words-Semantic Changes(단어 의미의 변화)」, 『한국일보』, 2014년 2월 27일.

28 임귀열, 「[임귀열 영어] Have a nice day?(비꼬는 인사)」, 『한국일보』, 2015년 6월 9일.

29 임귀열, 「[임귀열 영어] Nice and Easy!(살살 해요)」, 『한국일보』, 2011년 12월 12일.

30 임귀열, 「[임귀열 영어] Nice and Easy!(살살 해요)」, 『한국일보』, 2011년 12월 12일.

31 톰 지그프리드(Tom Siegfried), 이정국 옮김, 『호모루두스: 존 내시의 게임이론으로 살펴본 인간 본성의 비밀』(자음과모음, 2006/2010), 130쪽.

32 김태현, 『타인의 속마음, 심리학자들의 명언 700』(리텍콘텐츠, 2020), 42쪽.

33 Arianna Huffington, 『On Becoming Fearless』(New York: Little, Brown Co., 2006), p.93; 아리아나 허핑턴(Arianna Huffington), 이현주 옮김, 『담대하라, 나는 자유다』(해냄, 2006/2012), 51쪽.

34 Steve Cone, 『Powerlines』(New York: Bloomberg Press, 2008), p.112.

35 이택광, 『영단어 인문학 산책』(난장이, 2010), 216~220쪽; 이민규, 『끌리는 사람은 1%가 다르다』(더난출판, 2009), 240쪽; 임귀열, 「[임귀열 영어] Some phrases to avoid(피해야 할 표현들)」, 『한국일보』, 2011년 1월 11일; 임귀열, 『임귀열이 전하는 뉴욕영어 생중계』(그리고책, 2008), 184~185쪽; 「지네딘 지단/2006 FIFA 월드컵 독일」, 『나무위키』.

36 김호·정재승, 『쿨하게 사과하라』(어크로스, 2011), 84~85쪽.

37 임귀열, 「[임귀열 영어] Non-apology Apology(비사과성 사과)」, 『한국일보』, 2015년 9월 5일; 김호·정재승, 『쿨하게 사과하라』(어크로스, 2011), 94~99쪽.

38 『시사영어사/랜덤하우스 영한대사전』(시사영어사, 1991), 2199쪽.

39 임귀열, 「[임귀열 영어] Blaming others(남 탓하기)」, 『한국일보』, 2014년 11월 26일.

40 「blame」, 『시사영어사/랜덤하우스 영한대사전』(시사영어사, 1991), 245쪽.

41 임귀열, 「[임귀열 영어] Blaming others(남 탓하기)」, 『한국일보』, 2014년 11월 26일.

42 Leonard Roy Frank, ed., 『Quotationary』(New York: Random House, 2010), p.64.

43 김태현, 『세상의 통찰: 철학자들의 명언 500』(리텍콘텐츠, 2020), 41쪽.

44 임귀열, 「[임귀열 영어] Blaming others(남 탓하기)」, 『한국일보』, 2014년 11월 26일.

45 Donald T. Phillips, 『Lincoln on Leadership: Executive Strategies for Tough Times』(New York: Warner Books, 1992), p.107.

46 David Olive, 『A Devil's Dictionary of Business Jargon』(Toronto, Canada: Key Porter Books, 2001), p.31; John Walston, 『The Buzzword Dictionary』(Oak Park, IL: Marion Street Press, 2006), p.29; 강준만, 「왜 아이디어는 터무니없는 것일수록 더 좋은가?: 브레인스토밍」, 『감정 동물: 세상을 꿰뚫는 이론 6』(인물과사상사, 2017), 201~209쪽 참고.

47 「블레임 룩」, 『나무위키』; 위문희, 「분수대/블레임 룩」, 『중앙일보』, 2023년 4월 28일.

48 군터 뒤크(Gunter Dueck), 김희상 옮김, 『왜 우리는 집단에서 바보가 되었는가: 조직의 모든 어리석음에 대한 고찰』(비즈페이퍼, 2015/2016), 322쪽.

49 벤 대트너(Ben Dattner)·대런 달(Darren Dahl), 홍경탁 옮김, 『비난 게임: 조직의 성공과 실패를 결정짓는 보이지 않는 힘』(북카라반, 2011/2015).

50 정극원, 「[사색의 향기] 메아 쿨파(Mea Culpa)」, 『경북일보』, 2021년 12월 15일; 권용욱, 「[시사금융용어] 메아 쿨파(mea culpa)」, 『연합인포맥스』, 2021년 12월 17일.

제5장 기억·위험·꿈

1 김태현, 『세상의 통찰: 철학자들의 명언 500』(리텍콘텐츠, 2020), 77쪽.

2 로널드 케슬러(Ronald Kessler), 임홍빈 옮김, 『벌거벗은 대통령 각하』(문학사상사, 1995/1997).

3 정미경, 「[정미경의 이런영어 저런미국] "성추문 같은 추잡한 질문 말라" 화낸 미국 대통령」, 『동아일보』, 2023년 4월 22일.

4 고이즈미 마키오(小泉牧夫), 곽범신 옮김, 『이야기와 뉘앙스로 배우는 관용어의 세계』(로그인, 2014/2023), 102쪽.

5 김태현, 『타인의 속마음, 심리학자들의 명언 700』(리텍콘텐츠, 2020), 79쪽.

6 닐 마틴(Neale Martin), 『해빗: 소비의 95%를 지배하는 행동심리』(위즈덤하우스, 2008/2009), 82쪽.

7 김병수, 「마음의 상처를 위로하는 법」, 『월간 인물과사상』, 제194호(2014년 6월), 167쪽.

8 Christine Ammer, 『The Facts on File Dictionary of Clichés』(New York: Checkmark Books, 2001), p.246.

9 Adrian Room, 『Brewer's Dictionary of Modern Phrase & Fable』(London: Cassell, 2002), p.195.

10 Adrian Room, 『Brewer's Dictionary of Modern Phrase & Fable』(London: Cassell, 2002), pp.224~225; 필립 짐바르도(Philip Zimbardo)·존 보이드(John Boyd), 오정아 옮김, 『타임 패러독스』(미디어월, 2008), 110~111쪽; 강준만, 「왜 '기억'을 둘러싼 논란이 뜨거운가?: 가짜 기억 증후군」, 『생각의 문법; 세상을 꿰뚫는 50가지 이론 3』(인물과사상사, 2015), 197~201쪽 참고.

11 정미경, 「[정미경의 이런영어 저런미국] 최고 권력자도 무릎 꿇리는 그들만의 아킬레스건은」, 『동아일보』, 2023년 2월 18일.

12 Michael Hammer, 『The World Is Flat: A Brief History of the Twenty-First Century』(New York: Picador, 2005), pp.616~617; 토머스 프리드먼(Thomas L. Friedman), 김상철·이윤섭 옮김, 『세계는 평평하다: 21세기 세계 흐름에 대한 통찰』(창해, 2005), 609쪽.

13 홍성태, 『위험사회를 진단한다: 사고사회를 넘어 안전사회로』(아로파, 2014), 16~17쪽; 「Risk」, 『Wikipedia』.

14 울리히 벡(Ulrich Beck), 홍성태 옮김, 『위험 사회: 새로운 근대(성)를 향하여』(새물결, 1997); 울리히 벡(Ulrich Beck), 문순홍 옮김, 『정치의 재발견: 위험 사회 그 이후-재귀적 근대사회』(거름, 1998); 울리히 벡(Ulrich Beck), 홍윤기 옮김, 『아름답고 새로운 노동세계』(생각의나무, 1999); 울리히 벡(Ulrich

Beck), 조만영 옮김, 『지구화의 길』(거름, 2000); 울리히 벡(Ulrich Beck), 정일준 옮김, 『적이 사라진 민주주의』(새물결, 2000).

15 Julia Vitullo-Martin & J. Robert Moskin, 『Executive's Book of Quotations』(New York: Oxford University Press, 1994), p.252.

16 Julia Vitullo-Martin & J. Robert Moskin, 『Executive's Book of Quotations』(New York: Oxford University Press, 1994), p.252.

17 김대균, 「[김대균의 영어산책] 억만장자(billionaire)들의 명언으로 배우는 영어공부(2)」, 『Korea Herald』, 2023년 11월 3일.

18 김대균, 「[김대균의 영어산책] 억만장자(billionaire)들의 명언으로 배우는 영어공부」, 『Korea Herald』, 2023년 10월 27일.

19 김태현, 『실리콘밸리 천재들의 생각 아포리즘』(리텍콘텐츠, 2023), 37쪽.

20 김태현, 『실리콘밸리 천재들의 생각 아포리즘』(리텍콘텐츠, 2023), 284쪽.

21 김태현, 『실리콘밸리 천재들의 생각 아포리즘』(리텍콘텐츠, 2023), 100쪽.

22 김태현, 『실리콘밸리 천재들의 생각 아포리즘』(리텍콘텐츠, 2023), 203쪽.

23 「디커플링[decoupling]」, 『네이버 지식백과』; 「Decoupling」, 『Wikipedia』.

24 노지원, 「EU, 중국과 디커플링 아닌 '디리스킹' 택했다」, 『한겨레』, 2023년 5월 18일.

25 「[사설] G7 간 윤 대통령, 갈등 아닌 '위험축소 외교' 시동 걸라」, 『경향신문』, 2023년 5월 20일.

26 월터 아이작슨(Walter Isaacson), 안진환 옮김, 『스티브 잡스』(민음사, 2011), 139, 213쪽.

27 루크 도멜(Luke Dormehl), 노승영 옮김, 『만물의 공식』(반니, 2014), 202쪽.

28 Leonard Roy Frank, ed., 『Quotationary』(New York: Random House, 2010), p.791.

29 김태현, 『세상의 통찰: 철학자들의 명언 500』(리텍콘텐츠, 2020), 160쪽.

30 Christine Ammer, 『The Facts on File Dictionary of Clichés』(New York: Checkmark Books, 2001), p.313.

31 Adam Makkai, 『A Dictionary of American Idioms』, 4th ed.(Hauppauge, NY: Barrons, 2004), p.274.

32 Leonard Roy Frank, ed., 『Quotationary』(New York: Random House,

2010), p.791; 임귀열, 「[임귀열 영어] Speaking in plain and simple English」, 『한국일보』, 2017년 2월 21일.

33 Mark Buchanan, 『Nexus: Small Worlds and the Groundbreaking Science of Networks』(New York: W.W. Norton & Co., 2002), p.34.

34 레오짱, 『스티브 잡스 마법의 명언 120』(지니넷, 2011), 43쪽.

35 애덤 라신스키(Adam Lashinsky), 임정욱 옮김, 『인사이드 애플: 비밀제국 애플 내부를 파헤치다』(청림출판, 2012), 184쪽.

36 임정욱, 「1장 아이패드 혁명」, 김광현 외, 『아이패드 혁명』(예인, 2010), 33쪽.

37 최원기, 『실리콘밸리의 미치광이들』(민음사, 1999), 134쪽.

38 Walter Isaacson, 『Steve Jobs』(New York: Simon & Schuster, 2011), p.498; 월터 아이작슨(Walter Isaacson), 안진환 옮김, 『스티브 잡스』(민음사, 2011), 782쪽.

39 김태현, 『실리콘밸리 천재들의 생각 아포리즘』(리텍콘텐츠, 2023), 115쪽.

40 김태현, 『실리콘밸리 천재들의 생각 아포리즘』(리텍콘텐츠, 2023), 115쪽.

41 이미도, 「[이미도의 무비 識道樂] [152] Dreams have no expiration date」, 『조선일보』, 2019년 12월 28일, A27면.

42 임귀열, 「[임귀열 영어] I'm living my dream(나는 꿈을 갖고 산다)」, 『한국일보』, 2015년 8월 19일.

43 김대균, 「[김대균의 영어산책] 억만장자(billionaire)들의 명언으로 배우는 영어공부(2)」, 『Korea Herald』, 2023년 11월 3일.

44 임귀열, 「[임귀열 영어] I'm living my dream(나는 꿈을 갖고 산다)」, 『한국일보』, 2015년 8월 19일.

45 토머스 빌로드(Thomas J. Vilord) 엮음, 『Great Words of Great Minds: 성공 명언 1001 영한대역』(쌤앤파커스, 2006/2007), 120쪽.

46 토머스 빌로드(Thomas J. Vilord) 엮음, 『Great Words of Great Minds: 성공 명언 1001 영한대역』(쌤앤파커스, 2006/2007), 159쪽.

47 임귀열, 「[임귀열 영어] I'm living my dream(나는 꿈을 갖고 산다)」, 『한국일보』, 2015년 8월 19일.

48 임귀열, 「[임귀열 영어] I'm living my dream(나는 꿈을 갖고 산다)」, 『한국일보』, 2015년 8월 19일.

49 김태현, 『타인의 속마음, 심리학자들의 명언 700』(리텍콘텐츠, 2020), 26쪽.

50 토머스 빌로드(Thomas J. Vilord) 엮음, 『Great Words of Great Minds: 성공 명언 1001 영한대역』(쌤앤파커스, 2006/2007), 31쪽.

51 Leonard Roy Frank, ed., 『Quotationary』(New York: Random House, 2010), p.220.

52 토머스 빌로드(Thomas J. Vilord) 엮음, 『Great Words of Great Minds: 성공 명언 1001 영한대역』(쌤앤파커스, 2006/2007), 320쪽.

53 토머스 빌로드(Thomas J. Vilord) 엮음, 『Great Words of Great Minds: 성공 명언 1001 영한대역』(쌤앤파커스, 2006/2007), 75쪽.

54 토머스 빌로드(Thomas J. Vilord) 엮음, 『Great Words of Great Minds: 성공 명언 1001 영한대역』(쌤앤파커스, 2006/2007), 287쪽.

55 토머스 빌로드(Thomas J. Vilord) 엮음, 『Great Words of Great Minds: 성공 명언 1001 영한대역』(쌤앤파커스, 2006/2007), 325쪽.

56 임귀열, 「[임귀열 영어] I'm living my dream(나는 꿈을 갖고 산다)」, 『한국일보』, 2015년 8월 19일.

57 로버트 치알디니(Robert B. Cialdini), 김경일 옮김, 『초전 설득』(21세기북스, 2016/2018), 243~244쪽.

58 정미경, 「[정미경의 이런영어 저런미국] "트럼프 보고 있나" 유권자 울린 패배자의 연설」, 『동아일보』, 2022년 11월 26일.

59 Barry Glassner, 『The Culture of Fear: Why Americans Are Afraid of the Wrong Things』(New York: Basic Books, 1999), p.xxvi; 배리 글래스너(Barry Glassner), 연진희 옮김, 『공포의 문화』(부광, 1999/2005), 18쪽.

60 김태현, 『실리콘밸리 천재들의 생각 아포리즘』(리텍콘텐츠, 2023), 40쪽.

61 임귀열, 「[임귀열 영어] I'm living my dream(나는 꿈을 갖고 산다)」, 『한국일보』, 2015년 8월 19일.

62 김대균, 「[김대균의 영어산책] 유명 스포츠 스타들의 명언으로 공부하는 영어」, 『Korea Herald』, 2023년 11월 17일.

63 임귀열, 「[임귀열 영어] Against the wind(역경을 거슬러)」, 『한국일보』, 2014년 1월 29일.

64 「세컨드 윈드[second wind]」, 『네이버 지식백과』; 레베카 코스타(Rebecca Costa), 장세현 옮김, 『지금, 경계선에서: 오래된 믿음에 대한 낯선 성찰』(쌤앤파커스, 2010/2011), 326~327쪽.

65 로널드 드워킨(Ronald W. Dworkin), 박한선·이수인 옮김,『행복의 역습: 행복강박증 사회가 어떻게 개인을 병들게 하는가』(아로파, 2006/2014), 143쪽.

66 김봉수·김용준·김윤재·김호·유민영,『평판사회: 땅콩회항 이후, 기업경영은 어떻게 달라져야 하는가』(알에이치코리아, 2015), 172쪽.

67 「whirlwind」,『네이버 영어사전』.

68 김진,「그들이 '이름'을 불러줬을 때, 매출이 쑥쑥 올랐다」,『조선일보』, 2013년 4월 15일.

69 Jordan Almond,『Dictionary of Word Origins: A History of the Words, Expressions, and Cliches We Use』(Secaucus, NJ: Citadel Press, 1997), p.261; William Safire,『Safire's Political Dictionary』(New York: Random House, 1978), pp.794~795;『시사영어사/랜덤하우스 영한대사전』(시사영어사, 1991), 2671쪽.

70 김홍수,「[만물상] 횡재세」,『조선일보』, 2022년 9월 17일.

71 정남구,「[유레카] 유엔 사무총장의 '횡재세' 촉구」,『한겨레』, 2022년 8월 8일.

제6장 계급·역사·돈

1 레이먼드 윌리엄스(Raymond Williams), 김성기·유리 옮김,『키워드』(민음사, 1983/2010), 83~86쪽.

2 『엣센스 영한사전』, 제6정판(민중서림, 1995), 487쪽.

3 엘리엇 킹(Elliot Ling), 김대경 옮김,『무료 뉴스: 인터넷은 저널리즘을 어떻게 바꾸었나?』(커뮤니케이션북스, 2010/2012), 91쪽.

4 임귀열,「[임귀열 영어] What should I call you?(호칭은 어떻게 부를까요)」,『한국일보』, 2011년 11월 22일.

5 임귀열,「[임귀열 영어] Age is all in your mind(나이는 숫자일 뿐)」,『한국일보』, 2011년 4월 13일.

6 「classify」,『시사영어사/랜덤하우스 영한대사전』(시사영어사, 1991), 423쪽; 「classify」,『네이버 영어사전』.

7 정미경,「[정미경의 이런영어 저런미국] 韓에는 있고 美에는 없는 대통령 기자회견장 '이것'」,『동아일보』, 2022년 9월 3일.

8 정태석, 『행복의 사회학』(책읽는수요일, 2014), 109쪽.

9 Leonard Roy Frank, ed., 『Quotationary』(New York: Random House, 2010), p.363.

10 Leonard Roy Frank, ed., 『Quotationary』(New York: Random House, 2010), p.113.

11 Martin N. Marger, 『Elites and Masses: An Introduction to Political Sociology』(New York: D. Van Nostrand, 1981), pp.63, 67.

12 Donald O. Bolander, ed., 『Instant Quotation Dictionary』(Little Falls, NJ: Career Publishing, 1981), p.53.

13 C. Wright Mills, 『The Power Elite』(New York: Oxford University Press, 1956), p.64; C. W. 밀스(C. Wright Mills), 진덕규 옮김, 『파워엘리트』(한길사, 1956/1979), 95쪽.

14 Robert H. Frank & Philip J. Cook, 『The Winner-Take-All Society: Why the Few at the Top Get So Much More Than the Rest of Us』(New York: Penguin Books, 1995/1996), p.87; 로버트 프랭크(Robert H. Frank)·필립 쿡(Philip J. Cook), 권영경·김양미 옮김, 『이긴 자가 전부 가지는 사회』(CM비지니스, 1995/1997), 157쪽.

15 Leonard Roy Frank, ed., 『Quotationary』(New York: Random House, 2010), p.116.

16 대니얼 부어스틴(Daniel J. Boorstin), 강정인·전재호 옮김, 『탐구자들: 진리를 추구한 사람들의 위대한 역사』(세종서적, 1998/2000), 214~217쪽.

17 대니얼 J. 부어스틴(Daniel J. Boorstin), 이성범 옮김, 『발견자들 II』(범양사 출판부, 1983/1986), 382쪽.

18 Daniel J. Boorstin, 『The Seekers: The Story of Man's Continuing Quest to Understand His World)』(New York: Vintage Books, 1998/1999), p.139; 대니얼 부어스틴(Daniel J. Boorstin), 강정인·전재호 옮김, 『탐구자들: 진리를 추구한 사람들의 위대한 역사』(세종서적, 1998/2000), 226쪽.

19 안정효, 『번역의 공격과 수비』(세경, 2011), 280~281쪽; 「histrionic」, 『네이버 영어사전』.

20 Robert I. Fitzhenry, ed., 『The Harper Book of Quotations』(New

York: HarperPerennial, 1993), p.203.

21 Donald O. Bolander, ed., 『Instant Quotation Dictionary』(Little Falls, NJ: Career Publishing, 1981), p.138.

22 Donald O. Bolander, ed., 『Instant Quotation Dictionary』(Little Falls, NJ: Career Publishing, 1981), p.138.

23 Leonard Roy Frank, ed., 『Quotationary』(New York: Random House, 2010), p.363; 로버트 하일브로너(Robert L. Heilbroner), 장상환 옮김, 『세속의 철학자들: 위대한 경제사상가들의 생애, 시대와 아이디어』(이마고, 2000/2005), 191~192쪽.

24 Leonard Roy Frank, ed., 『Quotationary』(New York: Random House, 2010), p.362.

25 Ambrose Bierce, 『The Devil's Dictionary』(New York: Bloomsbury, 1906/2008), p.52; 앰브로즈 비어스(Ambrose Bierce), 정시연 옮김, 『악마의 사전』(이른아침, 1906/2005), 145쪽.

26 Edward Hallett Carr, 『What Is History?』(New York: Vintage Books, 1961), p.30.

27 김태현, 『세상의 통찰: 철학자들의 명언 500』(리텍콘텐츠, 2020), 30쪽.

28 William Morris & Mary Morris, 『Morris Dictionary of Word and Phrase Origins』, 2nd ed.(New York: Harper & Row, 1971), p.391.

29 에릭 호퍼(Eric Hoffer), 방대수 옮김, 『길 위의 철학자』(이다미디어, 1983/2014), 170쪽.

30 https://www.reddit.com/r/QuotesPorn/comments/q9xgs7/money_is_like_seawater_the_more_we_drink_the/?rdt=39840

31 임귀열, 「[임귀열 영어] Money and Women」, 『한국일보』, 2014년 9월 10일.

32 임귀열, 「[임귀열 영어] Money and Women」, 『한국일보』, 2014년 9월 10일.

33 임귀열, 「[임귀열 영어] Money and Women」, 『한국일보』, 2014년 9월 10일.

34 김태현, 『타인의 속마음, 심리학자들의 명언 700』(리텍콘텐츠, 2020), 164쪽.

35 임귀열, 「[임귀열 영어] Words of Justice from Harvard Law School(하버드 법대 벽면의 명언)」, 『한국일보』, 2014년 12월 10일.

36 임귀열, 「[임귀열 영어] Money and Women」, 『한국일보』, 2014년 9월 10일.

37 Arianna Huffington, 『On Becoming Fearless』(New York: Little,

Brown Co., 2006), p.91; 아리아나 허핑턴(Arianna Huffington), 이현주 옮김, 『담대하라, 나는 자유다』(해냄, 2006/2012), 128쪽.

38 임귀열, 「[임귀열 영어] Money is round(돈은 돌고 돈다)」, 『한국일보』, 2012년 7월 18일.

39 김태현, 『실리콘밸리 천재들의 생각 아포리즘』(리텍콘텐츠, 2023), 37쪽.

40 「화폐착각[貨幣錯覺, money illusion]」, 『네이버 지식백과』.

41 「Money illusion」, 『Wikipedia』; 로버트 코펠(Robert Koppel), 권성희 옮김, 『투자와 비이성적 마인드: 감정은 어떻게 객관적 데이터를 왜곡하는가?』(비즈니스북스, 2011/2013), 253쪽.

42 조지 애컬로프(George A. Akerlof)·로버트 실러(Robert J. Schiller), 김태훈 옮김, 『야성적 충동: 인간의 비이상적 심리가 경제에 미치는 영향』(알에이치코리아, 2009), 78~79쪽.

43 닉 아밋, 「화폐환상, 가격과 가치의 차이」, 『조선일보』, 2014년 1월 6일.

44 팀 하포드(Tim Harford), 김명철·이제용 옮김, 『당신이 경제학자라면: 고장난 세상에 필요한 15가지 질문』(웅진지식하우스, 2013/2014), 68~69쪽.

45 조승연, 「[인문학으로 배우는 비즈니스 영어] rich」, 『조선일보』, 2013년 12월 14일.

46 Leonard Roy Frank, ed., 『Quotationary』(New York: Random House, 2010), p.737.

47 Nigel Rees, 『The Cassell Dictionary of Cliches』(New York: Cassell, 1996), p.212.

48 Dorothy Auchter, 『Dictionary of Historical Allusions & Eponyms』(Santa Barbara, CA: ABC-CLIO, 1998), p.52; 「Croesus」, 『네이버 영어사전』.

49 임귀열, 「[임귀열 영어] Happiness is an attitude(행복은 마음먹기 나름)」, 『한국일보』, 2013년 7월 10일.

50 Jordan Almond, 『Dictionary of Word Origins: A History of the Words, Expressions, and Cliches We Use』(Secaucus, NJ: Citadel Press, 1997), p.90.

51 Leonard Roy Frank, ed., 『Quotationary』(New York: Random House, 2010), p.738.

52 Lewis C. Henry, ed., 『Best Quotations for All Occasions』(New York: Fawcett Premier, 1986), p.392.

53 Leonard Roy Frank, ed., 『Quotationary』(New York: Random House, 2010), p.738.

54 Julia Vitullo-Martin & J. Robert Moskin, 『Executive's Book of Quotations』(New York: Oxford University Press, 1994), p.250.

55 김대균, 「[김대균의 영어산책] 억만장자(billionaire)들의 명언으로 배우는 영어공부(2)」, 『Korea Herald』, 2023년 11월 3일.

56 곽아람, 「"셀럽병 걸린 어린애" 신랄한 평전…결점 드러내야 더 빛나니까」, 『조선일보』, 2023년 9월 16일.

57 노먼 빈센트 필(Norman Vincent Peale), 노지양 옮김, 『믿는 만큼 이루어진다』(21세기북스, 1974/2006), 87~89쪽.

58 임귀열, 「[임귀열 영어] There is no education like adversity(역경이 최고의 교훈)」, 『한국일보』, 2015년 8월 5일.

59 김태현, 『세상의 통찰: 철학자들의 명언 500』(리텍콘텐츠, 2020), 28쪽.

60 이진, 『나는 미국이 딱 절반만 좋다』(북&월드, 2001), 170쪽.

61 안재훈, 「미국 대통령 클린턴은 누구인가」, 『신동아』, 1992년 12월호.

62 Newsweek, 「'괴로움은 감추도록 교육받았다'」, 『뉴스위크 한국판』, 1992년 4월 1일, 21면.

63 유용하, 「[달콤한 사이언스] '어려서 고생은 사서 한다'가 헛소리인 과학적 이유」, 『서울신문』, 2023년 5월 21일.

64 유지한, 「미국 대입시험에 '역경 점수' 도입」, 『조선일보』, 2019년 5월 18일.

제7장 행복·인생·법

1 Phil Cousineau, 『Word Catcher』(Berkeley, CA: Viva, 2010), p.147; 「happiness」, 『Online Etymology Dictionary』; 쓰지 신이치(辻信一), 장석진 옮김, 『행복의 경제학』(서해문집, 2008/2009), 177쪽.

2 임귀열, 「[임귀열 영어] On Happiness(행복의 어록)」, 『한국일보』, 2013년 11월 27일.

3 Daniel Gilbert, 『Stumbling on Happiness』(New York: Random House, 2006), p.31; 대니얼 길버트(Daniel Gilbert), 서은국·최인철·김미정 옮김, 『행복에 걸려 비틀거리다』(김영사, 2006), 61쪽.

4 Daniel Gilbert, 『Stumbling on Happiness』(New York: Random House, 2006), p.36; 대니얼 길버트(Daniel Gilbert), 서은국·최인철·김미정 옮김, 『행복에 걸려 비틀거리다』(김영사, 2006), 67쪽.

5 김태현, 『세상의 통찰: 철학자들의 명언 500』(리텍콘텐츠, 2020), 159쪽.

6 임귀열, 「[임귀열 영어] On Happiness(행복의 어록)」, 『한국일보』, 2013년 11월 27일.

7 임귀열, 「[임귀열 영어] On Happiness(행복의 어록)」, 『한국일보』, 2013년 11월 27일.

8 임귀열, 「[임귀열 영어] On Happiness(행복의 어록)」, 『한국일보』, 2013년 11월 27일.

9 임귀열, 「[임귀열 영어] Happiness is an attitude(행복은 마음먹기 나름)」, 『한국일보』, 2013년 7월 10일.

10 임귀열, 「[임귀열 영어] On Happiness(행복의 어록)」, 『한국일보』, 2013년 11월 27일.

11 에릭 호퍼(Eric Hoffer), 방대수 옮김, 『에릭 호퍼 자서전』(이다미디어, 2003), 55쪽.

12 김태현, 『타인의 속마음, 심리학자들의 명언 700』(리텍콘텐츠, 2020), 190쪽.

13 김태현, 『타인의 속마음, 심리학자들의 명언 700』(리텍콘텐츠, 2020), 191쪽.

14 Tal Ben-Shahar, 『The Pursuit of Perfect』(New York: McGraw Hill, 2009), p.187

15 정지훈, 『무엇이 세상을 바꿀 것인가』(교보문고, 2012), 260쪽; http://blogs.hbr.org/2012/01/to-find-happiness-forget-about/.

16 Leonard Roy Frank, ed., 『Quotationary』(New York: Random House, 2010), p.457.

17 임귀열, 「[임귀열 영어] When feeling hopeless(무기력할 때의 명언)」, 『한국일보』, 2014년 4월 16일.

18 김태현, 『세상의 통찰: 철학자들의 명언 500』(리텍콘텐츠, 2020), 60쪽.

19 임귀열, 「[임귀열 영어] Life has a cause(인생은 인과응보의 필연)」, 『한국일

보』, 2011년 3월 2일.

20 Leonard Roy Frank, ed., 『Quotationary』(New York: Random House, 2010), p.456.

21 Leonard Roy Frank, ed., 『Quotationary』(New York: Random House, 2010), p.455.

22 토머스 빌로드(Thomas J. Vilord) 엮음, 『Great Words of Great Minds: 성공 명언 1001 영한대역』(쌤앤파커스, 2006/2007), 346쪽.

23 임귀열, 「[임귀열 영어] What goes up comes down(인생만사 새옹지마)」, 『한국일보』, 2012년 3월 21일.

24 Leonard Roy Frank, ed., 『Quotationary』(New York: Random House, 2010), p.456.

25 김태현, 『타인의 속마음, 심리학자들의 명언 700』(리텍콘텐츠, 2020), 14~15쪽.

26 임귀열, 「[임귀열 영어] Let's make the best of it(최선을 다하자)」, 『한국일보』, 2012년 9월 12일.

27 토머스 빌로드(Thomas J. Vilord) 엮음, 『Great Words of Great Minds: 성공 명언 1001 영한대역』(쌤앤파커스, 2006/2007), 380쪽.

28 김태현, 『타인의 속마음, 심리학자들의 명언 700』(리텍콘텐츠, 2020), 116쪽.

29 Adrian Room, 『Brewer's Dictionary of Modern Phrase & Fable』 (London: Cassell, 2002), p.400.

30 임귀열, 「[임귀열 영어] Let's make the best of it(최선을 다하자)」, 『한국일보』, 2012년 9월 12일.

31 김태현, 『세상의 통찰: 철학자들의 명언 500』(리텍콘텐츠, 2020), 87쪽.

32 김태현, 『타인의 속마음, 심리학자들의 명언 700』(리텍콘텐츠, 2020), 222쪽.

33 「레너드 니모이」, 『나무위키』.

34 Leonard Roy Frank, ed., 『Quotationary』(New York: Random House, 2010), p.454.

35 김태현, 『실리콘밸리 천재들의 생각 아포리즘』(리텍콘텐츠, 2023), 199쪽.

36 임귀열, 「[임귀열 영어] When feeling hopeless(무기력할 때의 명언)」, 『한국일보』, 2014년 4월 16일.

37 임귀열, 「[임귀열 영어] When feeling hopeless(무기력할 때의 명언)」, 『한국일보』, 2014년 4월 16일.

38 정미경, 「[정미경의 이런영어 저런미국] 케네디 대통령 따라다닌 '가방맨' 정체는?」, 『동아일보』, 2022년 8월 2일.

39 김태현, 『실리콘밸리 천재들의 생각 아포리즘』(리텍콘텐츠, 2023), 102쪽.

40 Marvin Terban, 『Mad as a Wet Hen! And Other Funny Idioms』(New York: Clarion Books, 1987), p.39; 『엣센스 영한사전』, 제6정판(민중서림, 1995), 2959쪽: 『시사영어사/랜덤하우스 영한대사전』(시사영어사, 1991), 2631쪽.

41 임귀열, 「[임귀열 영어] Disaster comes from the mouth(말이 씨가 된다.)」, 『한국일보』, 2013년 4월 10일.

42 원정환, 「"That's the way it is(세상이 원래 그렇습니다, 그게 현실입니다)" 앵커의 전설 잠들다」, 『조선일보』, 2009년 7월 20일.

43 임귀열, 「[임귀열 영어] Fighting vs. Way to go(격려와 응원의 말)」, 『한국일보』, 2014년 1월 14일.

44 김환영, 「박노해·손석희·김훈…인물 20인의 내면」, 『중앙일보』, 2015년 7월 4일.

45 Leonard Roy Frank, ed., 『Quotationary』(New York: Random House, 2010), p.436; 임귀열, 「[임귀열 영어] Words of Justice from Harvard Law School(하버드 법대 벽면의 명언)」, 『한국일보』, 2014년 12월 10일.

46 임귀열, 「[임귀열 영어] Words of Justice from Harvard Law School(하버드 법대 벽면의 명언)」, 『한국일보』, 2014년 12월 10일.

47 임귀열, 「[임귀열 영어] Law favoring the rich?(법도 부자의 편인가)」, 『한국일보』, 2014년 12월 24일.

48 임귀열, 「[임귀열 영어] Thinking of justice and freedom(정의와 자유의 법정신)」, 『한국일보』, 2014년 12월 31일.

49 임귀열, 「[임귀열 영어] Legal Quotes 2(법에 관한 명언)」, 『한국일보』, 2012년 2월 15일.

50 Leonard Roy Frank, ed., 『Quotationary』(New York: Random House, 2010), p.436.

51 라우라 비스뵈크(Laura Wiesböck), 장혜경 옮김, 『내 안의 차별주의자: 보통사람들의 욕망에 숨어든 차별적 시선』(심플라이프, 2018/2020), 147, 256쪽.

52 Leonard Roy Frank, ed., 『Quotationary』(New York: Random House,

2010), p.436.

53 Leonard Roy Frank, ed., 『Quotationary』(New York: Random House, 2010), p.437.

54 임귀열, 「[임귀열 영어] Law favoring the rich?(법도 부자의 편인가)」, 『한국일보』, 2014년 12월 24일.

55 임귀열, 「[임귀열 영어] Court Quotes(법정에 대한 어록)」, 『한국일보』, 2012년 2월 8일.

56 임귀열, 「[임귀열 영어] Law favoring the rich?(법도 부자의 편인가)」, 『한국일보』, 2014년 12월 24일.

57 임귀열, 「[임귀열 영어] Thinking of justice and freedom(정의와 자유의 법정신)」, 『한국일보』, 2014년 12월 31일.

58 임귀열, 「[임귀열 영어] President's Humor(미국 대통령의 유머)」, 『한국일보』, 2011년 11월 30일.

59 Leonard Roy Frank, ed., 『Quotationary』(New York: Random House, 2010), p.437.

60 Leonard Roy Frank, ed., 『Quotationary』(New York: Random House, 2010), p.437.

61 Leonard Roy Frank, ed., 『Quotationary』(New York: Random House, 2010), p.436; 임귀열, 「[임귀열 영어] Law favoring the rich?(법도 부자의 편인가)」, 『한국일보』, 2014년 12월 24일.

62 Leonard Roy Frank, ed., 『Quotationary』(New York: Random House, 2010), p.437.

63 Leonard Roy Frank, ed., 『Quotationary』(New York: Random House, 2010), p.437.

64 Adrian Room, 『Brewer's Dictionary of Modern Phrase & Fable』(London: Cassell, 2002), p.365; 「Don't judge a book by its cover」, 『네이버 영어사전』.

65 Adrian Room, 『Brewer's Dictionary of Modern Phrase & Fable』(London: Cassell, 2002), p.146.

66 Daniel J. Boorstin, 『The Discoverers: A History of Man's Search to Know His World and Himself』(New York: Random House, 1983),

p.531; 대니얼 J. 부어스틴(Daniel J. Boorstin), 이성범 옮김, 『발견자들 II』 (범양사출판부, 1983/1986), 339쪽.

67 래리 사모바(Larry A. Samovar)·리처드 포터(Richard E. Porter), 정현숙 외 옮김, 『문화간 커뮤니케이션』(커뮤니케이션북스, 2004/2007), 421쪽.

68 이미도, 「[이미도의 무비 識道樂] [3] "Make the words yours"」, 『조선일보』, 2016년 3월 26일.

69 박웅현, 『책은 도끼다』(북하우스, 2011), 6쪽.

70 Nicholas Carr, 『The Shallows: What the Internet Is Doing to Our Brains』(New York: W. W. Norton & Co., 2010/2011), p.9; 니컬러스 카 (Nicholas Carr), 최지향 옮김, 『생각하지 않는 사람들: 인터넷이 우리의 뇌 구조를 바꾸고 있다』(청림출판, 2010/2011), 25쪽.

71 Nicholas Carr, 『The Shallows: What the Internet Is Doing to Our Brains』(New York: W. W. Norton & Co., 2010/2011), p.7; 니컬러스 카 (Nicholas Carr), 최지향 옮김, 『생각하지 않는 사람들: 인터넷이 우리의 뇌 구조를 바꾸고 있다』(청림출판, 2010/2011), 22~23쪽.

72 정미경, 「[정미경의 이런영어 저런미국] 대통령 만찬은 건배사도 비교대상이 된다」, 『동아일보』, 2023년 3월 25일.

73 이민석·오로라, 「'펑크' 걱정에…착한 손님 바보 만드는 오버부킹」, 『조선일보』, 2015년 10월 15일.

74 안정효, 『안정효의 오역 사전』(열린책들, 2013), 79~80쪽.

인문학과 손잡은
영어 공부 1
ⓒ 강준만, 2024

초판 1쇄 2024년 1월 25일 찍음
초판 1쇄 2024년 1월 31일 펴냄

지은이 | 강준만
펴낸이 | 강준우
기획·편집 | 박상문
표지 디자인 | 강지수
마케팅 | 이태준
인쇄·제본 | (주)프린팅허브

펴낸곳 | 인물과사상사
출판등록 | 제17-204호 1998년 3월 11일

주소 | (04037) 서울시 마포구 양화로7길 6-16 서교제일빌딩 3층
전화 | 02-325-6364
팩스 | 02-474-1413

www.inmul.co.kr | insa@inmul.co.kr

ISBN 978-89-5906-740-4 04300
       978-89-5906-739-8 (세트)

값 18,000원